シンプルな英語

中山裕木子

JN054012

講談社現代新書

2635

英語ができるようになる最短の方法

　英語力をつけるためには「土台」を作ることが重要です。土台が弱かったり、そもそも土台がなかったりすると、いくら知識を積み上げても上手くいきません。英単語やフレーズを暗記しても、中学や高校の英文法をやみくもに復習しても、英会話レッスンでスピーキングとリスニングを練習しても、英語ができるようになったと感じにくいのです。しっかりとした土台の上で、英語力を伸ばしていく必要があります。

　英語力の土台とは、「主語と動詞を決める力」です。本書では「組み立て」と呼んでいます。日本語から英文を作ろうとすると、言語の特徴が異なるために対応する表現が見つかりません。英語表現が見つからないと、自分のボキャブラリ不足で話せなかったと反省しがちですが実際はそうではありません。英文を作成するためには、頭に浮かぶ日本語から、英文の主語となるものを取り出し、その主語に合う動詞を続けることで、英文の各要素を組み立てる必要があるのです。そのとき、複雑な日本語表現はできるだけそぎ落とします。また、曖昧な日本語表現は明確にします。そぎ落としたり明確にしたりする過程で、知っているボキャブラリの範囲内におさめ、自信を持って使える表現に落とし込みます。つまり、伝えたい内容をシンプルな英語へと組み立て直すのです。

その組み立てを練習することこそが英語ができるようになる最短の方法です。

難解な英語を経て見出したシンプルな英語

　筆者は英語の明快さと論理性に魅了されて英語を書く仕事につきました。引っ込み思案だった自分にとって、主語と動詞を並べて明快に文を組み立てる作業は、まるで自分が違う人間になったように感じられる特殊な体験でした。産業翻訳の最難関といわれる特許翻訳にのめり込み、20年あまりの間、膨大な量の英語を書いてきました。扱う内容はコピー機やカメラから半導体などの材料、スマートフォン、人工知能といった新規な発明の技術です。伝わらない英文は容赦なく「不明確」という拒絶を受け、特許が取得できません。翻訳者になった当初は想像以上に厳しい世界に苦戦しました。そこで、「伝えるための英語」として知られるテクニカルライティングと名の付く洋書を読みあさりました。結果、日本の技術英語の難関試験、工業英検１級（現在の名称は技術英検プロフェッショナルレベル）に早期に首位合格して文部科学大臣賞を受けることができました。その後は本格的な鍛錬の日々がはじまりました。実務での膨大な量のライティングを通じて、複雑な内容を平易な英語で表す過程で英文の組み立ての重要性を見出し、英文の組み立て方法、つまりシンプルな英語のルールを独自に確立しました。

　特許翻訳者として働く傍ら、独自のシンプルな英語のルールを使って理系学生やエンジニアが英語で技術論文

を書く方法を教えはじめました。京都大学、名古屋大学、神戸大学、同志社大学などの大学や企業・研究機関で15年あまり、英文の組み立て技法を理由と根拠を示しながら説明する講義を行い、シンプルな英語のルールを強化しました。難解な技術を平易な英語で伝える指導に努めたところ、シンプルな英語の持つ力を知った理系学生、大学教員、研究員から英語の苦手意識が減ったという報告が相次ぎました。また、講義での英語技法を使って自ら総合的な英語力をぐんぐん伸ばしていく理系学生たちの姿を目の当たりにしました。

　筆者が特許翻訳者と技術英語講師という両面から確立したシンプルな英語は「組み立て」がカギになります。英語の世界は主語が重要であり、そして主語に続ける動詞が英文の構造を決めます。また多くの場合に「誰かまたは何かが何かをする」という主語→動詞→動作の対象、つまり日本の授業で学ぶ構文でいうSVOのシンプルなパターンに収束します。さらには、主語と動詞だけで骨組みを作る平易なパターン、つまりSV、さらには、状態を表すbe動詞を中心に使うパターン、つまりSVCにもそれぞれ効果的な使い方があります。

シンプル英語の素晴らしさを伝えたい

　このように体得したシンプル英語の技法は、特許や論文の技術的な英語だけでなく、一般的な会話やメールにも活かせると考えました。そこで、2冊の前著『会話もメールも英語は3語で伝わります』(白い本)と『英語は

３語で伝わります【どんどん話せる練習英文100】』（黄色い本）（ともにダイヤモンド社）を執筆し、英語に悩む日本人学習者の助けになりたいと考えました。シンプル英語をはじめて学ぶ読者向けに、最も効果的な英語の組み立てパターン「主語・動詞・目的語」に焦点を当て、白い本でコンセプトと方法を伝え、黄色い本でそれを練習できる構成としました。おかげさまで30万人を超える読者の方々にシンプルな「３語の英語」を伝えることができました。

　老若男女の英語学習者から、「これまでにない手ごたえを感じた」「もう一度英語を好きになれる自信が出てきた」という嬉しい声が寄せられました。一方で、「他の組み立てパターン（構文）は使ってはいけないのか」という声や、「話せても、リスニングができなければ英語でコミュニケーションができないのではないか」「幼稚なのではないか」という声が聞かれることもありました。「３語の英語」の根底にある英語の「主語」と「動詞」という最も重要な特徴について伝える必要性を感じました。

　英語が使えるようになるためには、頭に浮かぶ日本語から、英語の主語となるものを取り出し、主語をはじめに配置します。続いて主語に合う動詞を探して配置。動詞を決めることで、英文の組み立てを決めるのです。英語学習の土台となるこの「組み立て」をさらに詳しく伝える書籍を作りたい。また、「主語・動詞・目的語」のパターンに加えて、主語と動詞だけからなる文の組み立

てやbe動詞を使った表現も、それぞれの特徴を活かせば上手く使えることも伝えたいと思いました。

「組み立て」、つまり主語と動詞の大切さに気付くことで、スピーキングに加えて、リスニングもリーディングも改善できます。主語の後にくる動詞を聞き取ろうとすることで、話の中身を理解しやすくなります。また、動詞を探して読むことで、英文の構造が格段に理解しやすくなります。「土台」に知識と体験を積み上げることで、英語学習が加速度的に進むのです。

　本書で提案する「主語」と「動詞」を効果的に使ったシンプルな英語は、非ネイティブ用にあえてシンプル化した英語というわけではなく、英語の本来の特徴に着目したものです。ビジネスの現場で、英語ネイティブや他国の英語非ネイティブと渡り合える英語です。また、英語は文の骨組みが簡素である一方で、細部を工夫してより明確に伝える言葉でもあります。「細部」には例えば、冠詞theや名詞の可算や不可算、意味を明快に伝える前置詞があります。本書で目指すのは、シンプルでありながら、細部まで正しくかつ効果的に表現する英語です。勤勉な日本人の特徴も活かした、日本人が胸を張って使える英語を確立したいと考えます。

　英語は一夜にしてできるようにはなりません。しかし、あなたの英語が最短で確実に変わる方法を本書では提案します。

本書の読み方

　第1章では、本書が提案するシンプルな英語の概要を説明します。文の組み立てという点において英語がどのように日本語と異なるかに触れながら、英文をシンプルに組み立てる重要性とその方法を説明します。

　第2章と第3章では、主語と動詞からなる英語の骨組みを具体例で説明します。「主語→動詞→動作の対象（SVO）」、「主語と動詞だけからなる文（SV）」「be動詞を使った文（SVC）」の組み立てパターンを短い文章で練習します。

　第4章では、組み立てを円滑にする動詞に関する決まりごとを学びます。英文の組み立てで動詞を決めるとき、合わせて選択するのが時制です。主語と動詞を決めるときには能動態と受け身の選択があります。また、効果的な動詞で明快に表現するとき、助動詞で話し手の気持ちを加えることも可能です。時制・態・助動詞、加えて効果的な英文の組み立てのコツとして、否定文を使わずにポジティブに表現する方法、複雑な構造を控えて単文で表す方法ほかも紹介します。また、主語がない文（命令文）も説明します。

　第5章では、シンプルな英文の組み立てを厳密かつ効果的に支えるポイントを学びます。まずは組み立ての要素となる名詞。英語の名詞を数える・数えない、また冠詞をどう使うかを知り、細かい箇所まで精密に表現できる力を養います。さらに、組み立てを効果的に助けてくれるアイテムとして、前置詞や副詞、そして分詞、to不

定詞、関係代名詞ほかを説明します。それぞれの特徴を知って活用すれば英文を長くすることも可能になります。文をつなぐ方法もこの章で紹介します。

　本書で目指す英語がどのようなものかを第1章でご理解いただき、第2章から第5章で組み立ての基礎と応用を練習します。その先、第6章では組み立てを元にしたスピーキングの練習方法をお伝えします。自分のスピーチを作る方法、どのように発話し、練習を続けるかを具体的に説明します。第7章では、本書で習得する英語の組み立て力をリーディングやリスニングに活かし、合わせてボキャブラリも習得しながら4技能を総合的に伸ばす方法をご紹介します。そして第8章では、継続的に英語力を伸ばすためのコツをお話しします。筆者が日常的に行っているおすすめの英語勉強法もご紹介します。

　早く英語ができるようになりたいと願っている人、英語を使う必要性に迫られているけれど上手くいかなくて困っている人、そのような学習者が英語の土台を作ることで、それぞれが理想とするレベルの英語へと効率的に到達することを目指します。

目次

第1章
シンプルな英語とは

英語はブロックの組み立て

　英語という言語は、まるでブロックのように組み立てる言葉です。「主語」をはじめに置き、続けて「動詞」を置く。これが英語の決まりです。その先は、必要な情報があれば加えていきます。

主語Sを決める
↓
動詞Vを決める
↓
情報があれば追加する

We offer healthcare products.
弊社はヘルスケア製品を提供している会社です。

　主語S →動詞Vを並べたところでトピックWe（私たち、つまり弊社）と動作offer（提供する）が伝わります。前半ですでに「結論」が伝わる言葉なのです。その先は 必要な情報（healthcare products）を配置。1文が完成したら、続いて次の文を作ります。

Our products include face masks and sanitizers.
マスクや消毒剤といった製品があります。

トピックは Our products（弊社の製品）、動作は include、続いて詳細な内容 face masks and sanitizers（マスクや消毒剤）を配置。英語ではこの「主語 S」→「動詞 V」のブロックの組み立てを繰り返します。

Our sanitizers are selling well.
消毒剤は今よく売れています。

　次のトピックは Our sanitizers（弊社の消毒剤）、動作は are selling（売れている）。「売れている」の意味を強める well（よく）を足しました。

They can be out of stock.
在庫切れになることもあります。

　トピックは They（それらは）。続いて、動作というより「状態」を表す be 動詞を配置。can be out of stock（在庫切れになることも）。out of は何かから「出て行く」様子を表します。ストックから「出て行く」で「在庫切れ」。

　主語 S、動詞 V のブロックを並べるとき、実際には、前から順番に発話され、相手は発話と同時に徐々に話を理解します。日本語のように最後まで話を聞かなければ結論がわからないことや、助詞「てにをは」を間違ったことで文が誤りになったりする複雑さはありません。主語→動詞→その先、と文が進むにつれ、少しずつ情報が

出ます。途中で話すのをやめたとしても、そこまでの内容が相手にきちんと伝わります。

少しずつ情報が出る

We offer　　　　　　私たちが提供しているのは
healthcare products.　ヘルスケア製品です

また、先ほどよりも1つの文を長く表現したい場合には、関連する部分をまとめられます（P208、P218）。

関連部分をまとめる

We offer healthcare products, **including** face masks and sanitizers. Our sanitizers are selling well **and** can be out of stock.

実際の発話です。前から順に理解してみましょう。

We offer	弊社が提供しているのは
	offer＝提供する
healthcare products,	ヘルスケア製品
products 可算・製品は複数形	
including	どのようなものがあるかというと
分詞由来の前置詞	
face masks and sanitizers.	マスクや消毒剤があります
masks, sanitizers 可算・複数形	
Our sanitizers are	弊社の消毒剤は
are は「状態」	

selling well	今よく売れています
	sell＝売れる　well＝よく
and	そして
文をつなぐand	
can be	時々
canで可能性	
out of stock.	在庫切れとなります
out of「中から外へ」＋ stock「在庫」で「在庫切れ」	

　話し手にとっては組み立てがしやすく、聞き手にとっては、途中で聞くのをやめたとしても、聞いたところまでの情報がきちんと得られる。そんな風にシンプルで合理的にできているのも、英語が世界の共通語になっている大きな理由の１つでしょう[*1]。

　そしてこのように合理的な言葉であるため、１つ１つの組み立てブロックには情報を的確に伝える工夫があります。名詞products（製品）が単数なのか複数なのかを明示します。動詞areの形を主語にしたがって決めることで、聞き間違いや読み違いを減らし、「動詞がここにある」とわかりやすく示します。また、主語の直後で結論を示す「動詞」の部分で時制や話し手の考えを合わせて伝えます。つまり、offerという現在形で、今日も明日も変わらずに行っている動作としての事実を表したり、are sellingという現在進行形で「まさに今の状況」を表したりできます（時制はP122）。助動詞canを追加す

---

*脚注1：英語話者は母国語として3億8000万人、公用語として11億2000万人の合計15億人と言われています。

ることで、発話者の「考え」を追加できます（助動詞は
P141）。土台を身に付けるための英語学習とは、このブロックの組み立てを頭でしっかりと理解し、強く意識した上で、実際に組み立てる練習を重ねることです。それこそが英語ができるようになるための一本道です。

（助動詞はP141）

Coffee Break

英語の組み立ては
ソフトウェアのプログラミングと似ている

　筆者が「英語はブロックの組み立て」と気付いたのは、理系学生と研究者への論文英語の指導をしているときです。複雑・難解な英文がシンプルなSVOにおさまる、という英文のブラッシュアップを授業で実演していたところ、プログラマーの卵の理系学生や研究者である教員の方々が「シンプルな英語はソフトウェアのプログラミングのようで面白い」と感想をもらいました。「これまで英語はぼんやりしたものだと思っていたが、規則的で驚いた。英語ができるようになりそう」との感想も。

　要素（ブロック）を置く場所がきっちり決まっている、そこを間違えさえしなければ、組み立てたブロックの集まりが「情報を伝える」という目的を必ず果たしてくれる。そんな点が、英語の組み立てはソフトウェアのプログラミングと似ているのだそうです。

2 シンプルな英語の定義

シンプルな英語は幼稚ではなく英語の本質

　本書で目指す「シンプルな英語」は、決まりにしたがい平易に文を組み立てるという英語の特徴を最大限に活かした英語です。簡単な英語を話すと幼稚に聞こえるのではないか、英語ネイティブとは結局渡り合えないのではないか、と心配する人もいるかもしれません。しかし、現実の世界の英語ネイティブが使っている英語のうち中核となる部分が「シンプルな英語」です。シンプルな英語は決して幼稚な英語ではなく、英語の本来の姿に寄り添ったもの、つまり英語の本質です。

　英語ネイティブが難しい表現を使っているのを見聞きすることもあるでしょう。そういった表現を見聞きしても、真似をしないほうが賢明です。ネイティブが使う表現のうち、英語本来の姿に最も近く、かつ世界の非ネイティブに伝わる部分を取り入れることに注力すべきです。英語表現の核となるシンプルな部分、つまり次ページの図の重なる部分が本書で目指す「シンプルな英語」です。

　現状の日本人の英語は、図の左上の領域のようになりがちです。また一方で、ネイティブの英語のうち右下の部分を目指そうとしていることが多くあります。そのためブロークンになってしまう、または長くて複雑な文を組み立てようとしてしまう、という両極端の不具合に悩

日本人の英語
- × ブロークンな英語
- × 間違った英語
- × 日本語が背後に見える回りくどい英語
- × 必要以上に増える受け身
- × 学校で学んだ難しい構文
- × 長く複雑な文

シンプルな英語　　　　　ネイティブの英語
- ◎他動詞を活用
- ◎自動詞を活用
- ◎助動詞で動詞を補助
- ◎短く区切った英語

- × 難しいボキャブラリ
- × 長い表現を早口で話す
- × 大げさなジェスチャーとあいづち
- × 戦略的な客観的表現

みます。世界の人口は、英語非ネイティブが約80％、英語ネイティブが約20％。ネイティブ英語のうち、わかりにくい右下の部分を目指すのではなく、中心にあるシンプルな英語の部分を目指せば、ネイティブだけでなく、世の中の大部分である非ネイティブにも伝わる英語を使えるようになります。そのようなシンプルな英語を目指し、日本人の緻密さと勤勉さでやり遂げることができれば、「日本人による英語」が世界と渡り合える国際語としての地位を獲得できる日がくるでしょう。

日本人の英語
×ブロークンな英語
Question OK? 質問していいですか。
OK, OK, OK. オケ、オケ、オケ。
×間違った英語
Can I see your screen? （オンライン会議で）画面は見えていますか。
発話で焦ってしまい、「私」と「あなた」を間違えた。
正しくは Can you see my screen?
×日本語が背後に見える回りくどい英語
There are so many Japanese who do not have confidence in their English. 英語に自信がない日本人は多い。
→Many Japanese lack confidence in their English. がベター。
×必要以上に増える受け身
This was decided by my boss. これは上司が決めたこと。
→My boss decided this.
×学校で学んだ難しい構文
It is really difficult for me to find answers to your question. 質問に答えるのは難しい。
→I cannot answer your question. I を主語に。
×長く複雑な文
The reason why I study English is that I would like to be able to write Twitter messages in English and make my tweets get attention from those in foreign countries. 英語を勉強する理由は、英語でツイッターを書けるようになって海外の人からの応答を得たいためです。
→I study English. I would like to tweet in English and get international attention.

ネイティブの英語（シンプルな英語）
◎他動詞を活用
This project needs you. このプロジェクトはあなたの参加が必須なのです（頼りにしています）。
A library nearby has a large collection of Japanese comic books. 近所の図書館には日本のマンガがたくさんある。
◎自動詞を活用
Does this help? 役に立ちましたか。

My husband works outdoors. (So, he doesn't breathe the virus from other people.) 夫は屋外で働いている（だからウイルスを吸い込む心配がない）。

◎助動詞で動詞を補助
I can explain. 説明してあげるよ。

◎短く区切った英語
I should maximize my working visa. I decided to stay abroad. 就労ビザを有効活用したいので、海外に残ることにした。

ネイティブの英語（難しい英語）
×難しいボキャブラリ
She is food-savvy. 彼女は食べ物に凝っている。

×長い表現を早口で話す
It might be difficult to imagine what it is like to live in a rural area in Japan. 日本の田舎での暮らしは想像ができない。

×大げさなジェスチャーとあいづち
Ah-ha! Come-on!

×戦略的な客観的表現
Many mistakes were included in the interview. 会見には多くの誤りが含まれていた。
The interview included many mistakes. や I made many mistakes in the interview. を避けてあえて客観性を増した。

　筆者は難解な技術を描写する「特許の英語」の実務を通じて、英語ネイティブの英語をすべて真似る必要がないことに気付きました。必ずしも英語ネイティブがわかりやすい英語表現を使うわけではなく、彼らが使う英語は時として相手に配慮をせずに難解となる場面を多く目にしました。そこで、日本人ならではの質の高いサービス精神と緻密な仕事、謙虚さと相手への配慮、それを英語に適用する。そしてコミュニケーションの目的である「誤解なく伝えること」に注力する。そうすれば、ネイティブよりもわかりやすい「非ネイティブ高品質の英

語」を日本人が目指せると確信したのです。

筆者のターニングポイントは「伝わる英語の世界」

　日本の英語教育では、文法を基本として必要事項をまんべんなく習います。文法事項のうち、どれを使うと最も上手く伝わるのかという表現間の比較が示されることはありません。非ネイティブが英語を使って生き残っていくためには、習った英文法のうちでどの表現を重点的に使うと早く円滑に伝えることができるかを考え、取捨選択することが重要です。

　ここで、筆者がシンプルな英語に出合った当時のことについてもう少し触れておきます。特許翻訳の仕事につき、これまで勉強してきた英語と実務の英語とのギャップに驚愕。苦しみの中で見出したのが「シンプルな英語」の世界でした。特許翻訳者として実務を開始したものの、中学・高校・大学と英語を長年勉強し、たとえTOEICの高得点を取得したとしても、実務の世界では到底太刀打ちできないことを知りました。学校では「何が正しいか」という文法ルールを広く学びますが、「どの表現が伝わるか」や「どの表現が効率的か」という点を教わる機会がありません。学んだ複数の表現の間の優劣がつけにくいのです。例えば「5つの文型」を習っていますが、そのうちどれを優先的に使うべきかを教えてくれる先生はいませんでした。すがる思いで「伝わる英語」に関する書籍を探していて見つけたのが当時「工業英検」と呼ばれた文部科学省後援の検定試験でした。工

業で成長を遂げてきた日本のエンジニア向けの英語の検定試験です。当時の語学系の他の試験とは試験会場の雰囲気が異なり、エンジニアとみられる受験者で埋め尽くされていました。

　勉強を開始して驚いたのはシンプルな表現が推奨されていること。

```
SV
SVC
SVO

SVOO
SVOC
```

基本文型には次の5つがよくあげられる。これは動詞のはたらきによって分類されたものである。（中略）この文型のうち、工業技術英語で多用されるのは枠内の3つである。

「工業技術英語基礎コース1（現在は絶版）」（日本能率協会マネジメントセンター 通信教育事業本部）

　工業英検が扱う「技術的な英語」は、例えば会社が作成するユーザ・マニュアルや製品仕様書、論文や報告書、また特許といった技術文書の英語で、難解なテクノロジーを説明する文書です。難解な内容を扱うのですから、当然難解な英語を使うと思っていた筆者は、SVOOやSVOCを使わなくてよいと知り、心がすっと軽くなりました。以来、筆者は書き言葉ではSVOOとSVOCを捨て去りました。話すときには使うことがありますが、他の表現があるときにはSVOOとSVOCの使用を減らしています。また、SV、SVC、SVOの中でも「誰かが何かをする」のSVOを特に効果的に使って表現するよう心がけています。

次に目にした驚きのルールは「能動態を使いましょう」。日本語の通りに英文に置きかえて受け身を使わないといけないと思っていた自分が間違っていたと知りました。「伝わる英語」を扱う和書は当時少なかったため、テクニカルライティングと名の付く洋書を読みあさり、日々の仕事で実践しながら鍛錬を続けました。実に明快な指針を多く目にしました。基本はいつも「Use verbs!（動詞を活かそう）」です。

ルールを試す日々が続きました。すると、自分の書く英語がみるみるわかりやすく変わりました。そして迷うことがなくなりました。また、仕事を格段に早く終えられるようになりました。本書で伝える主語Sと動詞Vを決めてシンプルに英文を組み立てる方法の背後には、そのルールがあります。例えばUse verbs! を日本人向けにアレンジすると、次のようになります。[*2]

シンプルな英語を支える指針	1 具体的な主語から文を開始する 2 力強い動詞を使う 3 受け身を減らす 4 シンプルな単文で表す 5 否定のnot文を減らす

1. 具体的な主語から文を開始する

日本語は客観的な表現を好みます。一方、英語は主語を明示した主観的な表現や具体的な表現を好みます。英

---

*脚注2：指針をより詳しく知りたい方は、筆者の別の著書『会話もメールも英語は3語で伝わります』（ダイヤモンド社）や『技術英語の基本を学ぶ例文300』（研究社）をご覧ください。

語にも一部存在している客観的な表現「仮主語It is...」や「There is / are構文」が日本語にぴったりと当てはまってしまうため、客観的な表現が必要以上に増えます。

■英語を学ぶことは大切です。

△ It is important to learn English.

「そういうものだ」という客観的な供述

○ We must learn English.

「自分たちがしなければならない」という主観を表す

○ Learning English will change your career.

（英語を学ぶとキャリアが変わる）

○ Learning English will increase our chance of better explaining our products to customers overseas.

（海外の顧客に製品を上手く説明できる可能性が高くなる）

具体的な利点を表現できる

■建物の空調に問題が生じています。

✗ There are some problems with the air conditioning in the building.

There are some problems withまで聞いても主題がわからない

○ The air conditioning in the building has some problems.

冒頭から主題がわかる

2. 力強い動詞を使う

複数の単語を使って動詞部分を表すイディオム表現をや

め、動詞1語で表現します。イディオムは英語ネイティブの会話によく出てくるため、知っていると便利ですが、自分が使うのは避けてもかまいません。イディオムの代わりに動詞1語を選択すれば組み立てが平易になります。

また、中学校ではじめに習う動詞であるため重要視しがちなbe動詞は、動きのない動詞。「状態」を表す動詞です。必要な場合にだけ使用します。

■予算を最大限に活用しなければならない。
△We must make the most of our budget.
○**We must maximize** our budget.

■弊社は家電のメーカーです。
△Our company is a manufacturer of electrical appliances.
○**Our company manufactures** electrical appliances.

be動詞ではない、動作を表す動詞は英語ではaction verb（動作を表す動詞）と呼ばれます。「動作を表す動詞」を使うことを基本にした上で、「主語が何ものか」や「主語の状態」を表したい場合にはbe動詞を使います（P102）。

3. 受け身を減らす

日本語は受け身の発想が多いですが、英語の基本は能動態です。能動態で力強い印象を与えることができ、かつ語数も減ります。

■顧客はこの製品のカラフルな色に魅了されるでしょう。

△ Customers will be attracted by the colors of this product.

〇 **The colors of this product will attract** customers.

〇 **Our customers will love** the colors of this product.

■会議室M10は20人を収容できる。

△ Twenty people can be accommodated in Room M10.

〇 **Room M10 can accommodate** 20 people.

〇 **Room M10 can fit** 20 people.

> （文頭では数字を使わず Twenty などと書くのが一般的。
>
> 文中では 20 people です）

■会社の不正行為について知って驚いた。

△ We were surprised to find out about the company's fraud.

〇 **The company's fraud surprised** us.

4. シンプルな単文で表す

　条件を表す節を使った日本語表現は、主語を工夫して単文に変更できます。単文とは、主語と動詞が1組のみの構造の文です。

■弊社の新モデルを購入すれば、メンテナンスのコストが
　下がります。

△ If you buy our new model, the maintenance cost will be cut.

〇 **Our new model will cut** the maintenance cost.

■在宅で働いていても、インターネットで互いにつながる
　ことができる。

▲Although we work from home, we can connect to one
another with the Internet.

〇The Internet connects teleworkers.

（teleworkers＝在宅勤務者）

5. 否定のnot文を減らす

　日本語は「否定の内容」を肯定表現する方法があまり
ありません。対する英語には、数多くの方法がありま
す。no（ない）を使ったり、逆の発想で考えたりする表
現が一例です。肯定表現を使えば、ネガティブになら
ず、かつ強く否定の内容を表すことができます。

■なんと言ってよいのかわかりません（コメントがありま
　せん）。

▲I don't have any comment.

〇I have no comment.

■部長はリスクを取るべきではない。

▲The manager must not take risks.

〇The manager must avoid taking risks.

　さて、ここで筆者の話に戻ります。筆者が没頭してい
た（そして今もしている）特許翻訳は、産業翻訳の中でも
最難関といわれます。外国出願を扱う特許事務所での勤

務時代 4 年、フリーランスでの10年、毎日膨大な量の英語を書きました。1 日に 1 万ワードの英語を書くこともありました。特許英語の世界は過酷です。伝わらなければ、容赦なく「不明確」という拒絶を受けます。伝わらなければ、特許査定は得られない。しかも翻訳の元になる日本語が解読不能なほど難解なことも多くありました。しかし、シンプルな英語のルールを適用したおかげで、筆者の英語は変わりました。特許翻訳の現場では、「元の日本語を読むよりも訳された英語を読んだほうが技術内容がよくわかった、ありがとう」と技術担当者に褒められることもありました。シンプルな英語を認めてもらえて嬉しかった出来事です。

3 英語の型に落とし込んで組み立てる

組み立てが重要な理由――日本語と英語は語順の厳格さが違う

　日本語と英語の最も重大な違いは何かと聞かれたら「語順の厳格さ」と答えます。もちろん他にもさまざまな違いがあります。例えば日本語と英語は名詞の扱いが大きく違います。日本語は「数」を言わなくても話が進められますが、英語は必ず「可算・不可算、単数・複数」を決めなければならず、さらには「冠詞」も存在する点が日本語と異なります（P172）。また、英語の前置詞と日本語の助詞「てにをは」は大きく異なります（P189）。しかし私たちを根本から悩ませる最大の違いは、日本語が語順や文の必須要素が厳格でないのに対し

て、英語は文の骨組みに必要な要素とそれらを並べる順序が決まっていることです。英語に最低限必要な要素は主語と動詞。主語をはじめに、次に動詞を置きます。その先は、動詞によっては動作の対象となる単語、表したい内容によっては説明を加える単語を置きます。語順を入れ替えたり必要な単語を省いたりすることは基本的にできません。一方、日本語は、語順を入れ替えたり省略したりしても文意が伝わります。

　例えば、「弊社は名古屋で工場を運営しています」「名古屋で弊社は工場を運営しています」「工場を弊社は名古屋で運営しています」と入れ替えても問題なく意味が伝わります。主語を省いて「名古屋で工場を運営しています」としても全く問題がなく、むしろそのほうが自然です。日本語は、助詞「てにをは」さえ正しく使えていれば、語順を変えても問題が生じません。さらには、「運営しています。工場を名古屋で」と動詞部分を前に出したとしても意味が正しく伝わり、特に話し言葉であれば問題がありません。

　対する英語は、We operate plants in Nagoya. から語順を変えることはできません（plants＝工場）。We plants operate in Nagoya. とはできず、We operate in Nagoya plants. もダメ、Plants we operate in Nagoya. も文になりません。また、主語の省略 Operate plants in Nagoya. もダメです（「名古屋の工場を動かしてください」や「名古屋に工場を設置しましょう」と動作を促してしまいます）。つまり英語は、主語→動詞を必ず並べて、他の単語も決まった位

置に配置しないと意味をなさない言葉です。特に文の骨組みWe operate plants.は変更が許されません。修飾in Nagoyaは多少の移動が可能ですが、In Nagoya, we operate plants.と移動すると、「名古屋に関して言うと」のように前に出した句が強調されて条件を表します。

　日本語は各単語が単体で意味を持ち、それらを助詞「てにをは」でつなぐことで全体として意味をなします。対する英語は、単語同士ががっちりとブロックのようにつながり、部分ごとに情報を伝えながら文を展開します。英語は制約が厳しいように見える一方で、配置に自由度がありませんので逆に簡単です。また、適切に組み立てさえすれば、前から情報を小出しにできる言葉でもあります。動詞、つまり結論が主語の直後に出るため、要素を区切りながら少しずつ出した場合でも、出てきたところまでの意味が理解できます。

We operate	弊社は運営しています
	そうなんですね（聞き手）
plants	工場を
	へえー（聞き手）
in Nagoya.	名古屋で
	なるほど（聞き手）

　ちなみに同じことを日本語で行うと、理解できる情報が相手に伝わらないため、途中で話題を見失います。

弊社は名古屋で	情報が出ていない。結論は何？（聞き手）
工場を	何？（聞き手）
運営しています。	やっとわかった（聞き手）

　このような日本語と英語の特徴を把握していれば、日本語の通りに英文が組み立てられないことが納得できます。英語は英語の論理で考えて、ブロックをがっちりと組み立てるしかありません。また、日本語に主語が見当たらなくても、焦らずに英語の主語を考えることができます。

脱ブロークン英語のための主語と動詞

「簡単な英語でよい」からといって、それではブロークンに単語を並べた英語でよいのかといえば、それは全く異なります。ブロークンな英語とは、先にあげた例のように日本語の語順で英単語をただ並べて会話してしまうこと。それは避けるべきです。もちろん実際の状況で、上手くいかずにブロークンイングリッシュになってしまった、という場合は仕方がありません。筆者自身も過去に経験があります。しかし、はじめからブロークンでよいと思わないことです。なぜなら、ブロークン英語は大変惜しい英語。少しの工夫で品位の高い正しい英語へと早変わりするからです。そのカギとなるのが主語Ｓ→動詞Ｖの組み立てなのです。

　ありがちな光景をあげます。発表スライドを使ってCleaner 100（クリーナー100）という新製品の英語プレゼンをします。はじめのスライドには「タイトル」があ

り、次のスライドには「アウトライン」、そしてプレゼンが進み、最後に「サマリー」のスライドがある状況。タイトルはAdvantages of Our Cleaner 100（クリーナー100の特徴）。

My title today, the advantages of our new Cleaner 100.
今日の私のタイトルは弊社の新製品「クリーナー100の特徴」。

The outline.
アウトラインです。

プレゼンが進む。

Then, summary.
さて、サマリーです。

This is the end of my presentation.
これで私のプレゼンは終わりです。

拍手

Question?
ご質問ありますか？

I have a question.（質問者）
質問があります。

OK. OK. OK. Question, OK.

オッケーです。質問をどうぞ。

　このような英語プレゼンを実際に目にしました。どこがいけなかったでしょう。それぞれの発話が単語勝負で動詞がありません。つまり、名詞を並べているだけとなっていました。最後の1文だけ、妙に長めの定番表現 This is the end of my presentation. が発話されていました。質疑応答でも Question? と単語だけが使われました。質問者は I have a question. と動詞を使った文章で発話をはじめましたが、発表者は日本語と同じような声のトーンで「オッケ、オッケ、オッケ」と繰り返してしまいました。

　さて、この発話に動詞を入れてみましょう。主語を決めてから動詞を決めることが重要です。

✕My title today, the advantages of our new Cleaner 100.
→**My title today is** the advantages of our new Cleaner 100.
　be動詞を入れるだけでもよい
→Today, **I will talk** about the advantages of our new Cleaner 100.　主語を工夫できればなおよい

✕The outline.
→**The outline is** here.　be動詞を入れる
→**This is** the outline today.　This is___. もよい

✖Then, summary.

→**This is** my summary.

　This is＿＿. という平易な組み立てでよい

→**I will summarize** my points now.

　主語を工夫して効果的な動詞を使えればさらによい。
　summarize＝「まとめる」

▲This is the end of my presentation.

→**This concludes** my presentation.

　動詞を工夫して短く。conclude＝「これで終わりです」

→Thank you.

　単にThank you.だけで締めくくってもよい

✖Question?

　Do you have any questions?

　Do you＿＿?　で「ご質問ありますか」を文にする

　I have a question.（質問者）
　質問があります

✖OK. OK. OK. Question, OK.

→Go ahead.　どうぞどうぞ。命令文（P164）で促す

　英語を話しはじめるとボキャブラリに注力してしま
い、ただ単語を並べるだけのブロークンになってしま
う。そんな場合には「動詞を使う」ことに焦点を当てま

す。難しく感じるかもしれませんが、動詞を活かす癖を
つければ意外に簡単。主語はそのままにして、まずは動
詞を探します。主語も変更できる余裕があれば、わかり
やすい主語と効果的な動詞を使うことが可能になります
が、まずは動詞を意識して発話するだけで格段に会話の
品位が上がります。

主語の種類

　さて、これまで「動詞」が重要であることをお伝えし
ましたが、その前提には「主語」があります。英語はい
つも主語で視点を定めます。そして主語から見た世界を
展開する言葉です。何を主語にするかは大切である一方
で、現実的には、何を主語にしても文を作ることは可能
です。話しはじめて、または書きはじめて、主語の選択
に失敗した、と感じる場合であっても、即座に視点を切
り替えて選択した主語に合う動詞を見つけることができ
ると便利。そのため、普段は色々な主語で英文の組み立
てを練習することをおすすめします。また、色々な主語
を使っても別によい、と心に決めておくと、気持ちが楽
になるものです。

　例えば「コストの増加（the cost increase）は避けたい」
と伝えます。主語の選択例は 2 つ。

We
The cost increase

Weを選んだ場合には、We must avoid the cost increase. とスムーズに動詞を配置できます。

　一方、The cost increaseを選ぶと若干苦戦します。しかし、視点を思い切ってThe cost increaseに定めます。このとき、まるで話し手自身がThe cost increaseになったような気持ちで伝えようとしてみる。そして動詞を探すのです。そうすれば、The cost increase will be unacceptable.（コストの増加は許容できない。unacceptable ＝ 許容できない）と表現できるようになります。また、unacceptableという単語が思いつかない場合や助動詞willが使いこなせない場合には、The cost increase is impossible.（コストの増加は不可能）としてもよい。また別の文法事項を駆使して、The cost increase is something we must avoid.（コストの増加は我々が避けるべきことだ）といった表現でその場を乗り切ることも可能です。ここでも、英語は語順が大切ですので、The cost increase, we must avoid.などと変則な文になってしまわないように注意します。

　別の例です。お客様に添付ファイルをメールで送り、「パスワードは次のメールで送ります」と表現したい。主語は何にしましょう。

I
The password

I will send the password in a separate email. も The password will follow.（より明確に表したければThe password will follow in a separate email.）もいずれも良い英文です。主語を決めたら、その主語で頑張ってみる、なんとか動詞を見つけ出す、という練習が有効です。主語を決めることに時間をかけていると発話が遅くなります。また、一度決めた主語をやり直すと会話が止まってしまいます。そこで現実的には、主語を決める時点では特に大きな注意を払う必要はありません。決めた主語に対して動詞を探すことに注力しましょう。

さて、主語には何を選択しても問題はないことをお伝えしました。主語といえば I（自分）や You（あなた）が頭に浮かぶと思いますが、英語では主語の選択肢は他にもあります。例えば先の The password（パスワード）のように、人ではなく「無生物」を主語の選択肢に加えれば、表現の幅が広がります。主語の選択肢が増えることで、英語を組み立てたり発話をしたりするのが楽になります。先ほどの The password will follow. は語数も少なく、日本語と並びも似ています。日本語は「人」つまり「自分」を主語で明示しない言葉です。「私はパスワードを送ります」とは言わないですし、「私がパスワードを送ります」は「他の人ではなく私が送る」と主張してしまいます。特段の意図がないときには「自分」を明示しません。そこで、英文を組み立てるときの主語の選択肢に無生物が加われば、表現の幅が広がります。

また、日本語は「人」つまり「自分」を主語で明示しないことで、逆に実際には、文章にはいつも「自分」が視点として隠れているという言葉です。一方、英語は主語を毎回選びます。主語がＩの場合には「自分」が視点の中心となりますが、主語がＩでなく例えばWeのときは組織全体の意見、主語がThe passwordといった無生物のときはその無生物が主体となり、そこから見た世界を展開していくという面白い特徴がある言葉です。

日本語の世界

　視点の中心はいつも「私」＝Ｉ。でもそのＩは主語として言わない。そのため動作の主体が実際にはＩでない場合も視点は「私」つまり「人」。

英語の世界

　主語に決めたものがいつでも話題の中心。ひとたび主語を「私」ではなく別のものに決めれば、そこに私（Ｉ）は存在せず、選んだ主語からの視点で話が展開される。

> 例文：このプロジェクタは大画面を楽しめます。

　日本語では、「プロジェクタ」を主語（または主題）にしたにもかかわらず、「楽しめます」という動作の視点は人、つまり「私」や「私たち」が隠れて存在している。

　英語では、選んだ主語から見た世界が展開される。

We can enjoy the big screen on this projector.

人（私たち）に視点がある。

This projector allows us to enjoy the big screen.

物（プロジェクタ）に視点がある。人（私たち）を意図的に追加。

(allow ＝ 〜が〜することを可能にする)

This projector has a big screen for enjoyable user experience.

物（プロジェクタ）に視点がある。人の気配は消えている。後半にuser（ユーザ）を追加。

(enjoyable ＝ 楽しい)

　さて、そのように視点を決める英文の主語には「人」「物」「動作や概念」があります。「人」の場合、Ｉは「自分個人」、Weは「組織全体」「グループ全体」の意見となります。そして「物」「動作や概念」について、日本語よりも、英語はさまざまな発想を主語にできます。例えば日本語では「プロジェクタは大画面を楽しめます」という物の主語は問題なく可能ですが、「このバスがあなたを大学まで連れていきます」などと物が主体的に動作を行うような言い方はしません。一方、英語ではそのような表現が可能なのです。

This bus will take you to the university.

このバスに乗れば、大学に行けますよ。

You can get to the university by taking this bus. や You can take this bus to get to the university. に加えて、無生物を主語にできるのです。このように英語の特徴を活かした表現へと自分の表現の幅が広がれば、例えば You can___. と発話して、発音が通じないときにも便利です（実際に筆者に起こった出来事です）。You can take this bus. （このバスに乗ればいいですよ）と言ったら can の発音が通じないことがありました。どうやら相手も非ネイティブで、Can or cannot?（このバスなの？　違うの？）と強く聞き返してきました。そんなとき、すぐに主語を You から変更して This bus will take you to___. と言い直しました。上手く伝わったようで、Thank you! とバスに乗っていく姿を見て、喜びを感じました。相手に伝えることができると、嬉しいものです。

　さて、使える主語は次の表に示したように色々あります。伝えたい内容があなたの頭に浮かんだら、主語の選択です。まずは自分 I や自分たち We、その他にも、自由な発想で主語を決めてください。決めた主語からどのように動詞を発想するかについては、第2章と第3章でより詳しくお伝えします。

使える主語	意味	特徴
人		
I	自分	個人的な話題
【例文】I will email you. （メールします）		

| We | 私たち | 組織全体・グループ全体 |

【例文】 **We** will email you about updates.　（進捗があれば連絡します）

　　　　　　　　　　　　　　　　　　updates＝進捗・更新

| You | あなた（1人） | 目の前の人 |
| | あなたたち（複数） | 目の前のみんな |

【例文】 **You** can email me anytime.　（いつでもメールください）

| They | 彼ら | 第三者・複数 |

【例文】 **They** can email us at english@ue.com.
　（english@ue.comにメールしていただけます）

| He/She | 彼・彼女 | 第三者・単数 |

【例文】 **He/She** can email me anytime.
　（いつでも私にメールしていただけます）

組織や人の肩書

| 例：company, vendor, teacher, user, consumer | 例：会社、売り手、先生、ユーザ、顧客 | We／They／He／She／I を具体化 使い方は人の場合と同じ |

【例文】
The company sells organic foods.（その会社は有機食品を販売しています）
Customers would love this feature.（顧客はこの特徴を気に入るでしょう）

物

| 物理的な物 例：smartphone | 例：スマホ | 物体・つかめるもの |

【例文】 **My smartphone** has a good camera.
　（私のスマホには良いカメラが付いています）

| 物理的でない物 例：password, Instagram | 例：パスワード、インスタグラム | つかめないもの |

【例文】 **The password** needs updating.（パスワードは更新したほうがよい）
　　　　Instagram has seen rapid growth.（インスタグラムが急速に成長しています）

動作

| 例：learning languages | 例：言語を学ぶこと | 動名詞ingと動作の対象 |

【例文】 **Learning languages** will improve your thinking skills.
　（言語を学ぶことで考える力が強化できます）

概念		
例：machine translation, growing population	例：機械翻訳、増加している人口	動詞の名詞形
【例文】 **Machine translation** will never replace humans. （機械翻訳が人に取って代わることはない） **The growing population** has increased the demand for food. （人口が増えたために、食料の需要が増している）		

このこと（そのこと・あのこと）		
This	このこと	前の内容をまとめて言及
【例文】 **This** concludes the seminar. （これでセミナーは終わりです） **This** will cut the cost. （このことによって、コストが下がります）		
This ＋ 具体的な単語 例：this procedure, this update	例：この手順、 この更新情報	前の内容を具体化
【例文】 **This procedure** will solve your problem. （この手順であなたの問題は解決すると思います） **This update** might help. （この更新情報が役に立つかもしれません）		

英文を組み立てる作業は「ぼんやり」→「はっきり」の作業

イメージ

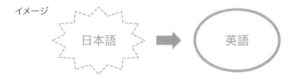

　英語が「主語」をはじめに置き、続けて「動詞」を並べる言葉であることをお伝えしました。主語の種類についてもお話ししました。いざ英文の組み立てに入る前に知っておきたい、日本語とは異なる英語の重大な特徴があと1つあります。それは、英文の主語Sと動詞Vを選択するとき、伝えたい内容をできるだけ具体化する必要が

あることです。それは、日本語が「行間を読ませるぼんやりした言語」である一方で、英語は日本語に比べて明確に表現する言語であるためです。その行間は、日本語では主語がなくてもよい、名詞の単数・複数も明示しなくてよい、といった形式的な点から、本質的な内容にいたるまでさまざまです。ぼんやりした日本語の世界から、シャープな英語の世界へと変換する必要があるのです。

日本語の世界

操作が容易なスマホが求められている

ぼんやりとさまざまな解釈の余地を残す
求めているのは誰？　求められているスマホは1つ？　複数？

↓

英語の世界

Many users like easy-to-operate smartphones.
　　操作が簡単なスマホを好むユーザが多い。

　　　　　　　　Smartphones must be easily operable.
　　　　　　　　スマホ全般は操作が簡単になるべきだ。

The market now needs easy-to-operate smartphones.
　今、市場では操作が簡単なスマホが必要とされている。

　　　　　　Easy-to-operate smartphones must be developed.
　　　　　　操作が簡単なスマホが開発されるべきだ。
　　　　　　　　　　　（easy-to-operate ＝操作しやすい）

　　具体的で解釈は1つ　主語を決めなければならない
　　名詞の単複（単数・複数の別）も明示

このような日本語と英語の違いは、「アメリカを代表とするローコンテクストな文化」「日本を代表とするハイコンテクストな文化」という考え方でもとらえることができます。英語low contextは「文脈が少ない」、high contextは「文脈が多い」という意味です。ローコンテクストな文化では「良いコミュニケーションとは厳密で、シンプルで、明確なものである。メッセージは額面通りに伝え、額面通りに受け取る」、ハイコンテクストの文化では「良いコミュニケーションとは繊細で、含みがあり、多層的なものである。メッセージは行間で伝え、行間で受け取る」（エリン・メイヤー『異文化理解力』［英治出版］より）とのこと。日本語を母国語とする場合には、このようなギャップを埋めるために行間を補って具体化しながら英文を組み立てる必要があるのです。

4　目指す英語力を定め、一歩ずつ着実に到達する

マインドセット──世界に通じる日本人の英語を目指そう

「どうすれば英語が話せるようになりますか」という質問を多く受けてきました。この問いに一言で答えるのは実は非常に難しい。英語を日本で独学しようという場合に、自然に英語ができるようになる魔法は残念ながらありません。日本語と特徴が異なる言語を使うのですから、難しいと理解した上で、目標を定め、短期にその目標へと到達するために努力することが大切です。それなら英語圏の国に滞在して身に付けるべきかというと、無

理をして海外に行く必要はありません。大人が海外で一から学んで英語が上手く使えるようになるためには１年や２年では足りないことが多い上に、結局のところ、海外にいても日本にいても、努力をした人だけが目標の英語力を得ることができます。

　そこで、「英語が話せるようになりたい」というぼんやりとした到達点ではなく、自分にとって「必要な英語」、つまり「目指す英語」を具体的に定めることがまずは大切です。そしてそれを身に付ける努力（つまり練習）をします。あなたの現在の英語力がどのような状態であっても、英語の土台を作り、あなたが目指す英語へ向かうことを助け、引き上げ続けてくれるのが、本書で伝える主語Ｓと動詞Ｖを探して組み立てるシンプルな英語の考え方です。

「英語が話せる」にはさまざまな段階があります。英語で飲み物や食べ物を注文できる。英語で簡単な自己紹介ができる。友人と日常のことが話し合える。仕事で複雑な内容を説明できる。英語ネイティブのスピードに対等に応答して会話を続けることができる。また、「ペラペラと話せるようになりたい」と願う人は多いと思いますが（筆者もその１人でした）、その「流暢さ」はどこまで必要か。流暢に話せるように見えても、実際に仕事で製品の特徴を説明したり、価格交渉をしたりという深いコミュニケーションとなると難しい類いの英語力もあります。逆に、流暢でないように見えても、仕事で製品の特徴を資料を使いながらしっかりと説明し、渡り合える冷

静な日本人ビジネスパーソンの姿もあります。また、「流暢」な英語とはどこの国の英語か。アメリカ英語はもちろん非常に流暢に聞こえるけれど、舌を巻いた発音が聞き取りづらいような場合や、イディオムや非公式な表現も多く、世界の非ネイティブに対して不親切な場面もあります。それではイギリス英語はどうか。そちらにも特徴があり、良い面と使いづらい面があります。また、アメリカ英語、イギリス英語と一口に言っても、それぞれの国内での地域差もあります。さらに他の国の英語はというと、オーストラリアやカナダといった英語圏の国から、マレーシアやインドのように英語圏ではない国の英語までを含めると、それぞれの特徴は多岐にわたる。一体どの英語を目指すのか。

「目指す英語」として定めるべきと筆者が考えるのは、特別に「流暢」でなくてもよいので、伝えたい内容を、相手に理解されやすい英文の構造と聞き取りやすい発音で、自信を持って、話せるようになることです。特に、自分が何者であるか、何に興味があり、何の仕事をしていて、どのような意見を持っているかを伝えられる。また、特定の話題についてしっかりと掘り下げて説明できる英語力です。そのような目標設定は、万人が英語力を一歩ずつモノにし、英語非ネイティブである私たちが国際社会を生き抜くために大切であると考えています。

組み立て→発話で英語が話せる

　ひとたび目指す英語力を定めたら、それに独学で到達

する英語学習のさまざまな局面であなたを助けてくれるシンプルな英語の練習を開始します。英語を話すのが難しいと感じる最大の理由は、「英語を話す」経験つまり練習が不足していることです。まずはその機会を自分で作ることが大切です。

　仕事やプライベートで英語を話す機会がない場合には経験を積むのが難しいと考えるかもしれません。また、練習したとしても、いざ英語ネイティブの前に出ると、相手が話す速度についていけないのではないか、という不安もあるかもしれません。尻込みをするさまざまな理由はあるものの、1つ言えることは、実際にやってみないと、できるようにはならないということです。

　例えば「字が上手になりたい」と思ったら、美しい字を真似て実際に書いてみるのではないでしょうか。見ているだけでは決してできるようにはならず、実際に手を動かして、手を慣れさせることが大切です。歌が上手くなりたかったら、歌の練習をする、パソコンのタイピングが速くなりたかったら、タイピングを毎日少しずつでも行ってみることで手を慣らします。

　さて、英語の練習をどうするか。海外に行く、英会話レッスンをはじめる、と思わずに、日常的にできることとして、英語を1人でも発話してみましょう。1人で話すときと相手がいるときとでは状況が違うと思うかもしれません。しかし、1人で英語を口に出して話せない場合には、相手がいたらますます話すことができません。伝わるかどうかを心配するよりも、まずは実際に口を動

かしてみるしかないのです（P226）。

「英文を組み立てる」→「口に出す」、そして「上手くアウトプットできていたかを振り返る」。これを地道に繰り返すことで、組み立てが早くなり、英語が少しずつ話せるようになってきた、と感じることができます。「間違った」「上手くいかなかったのでここを改善したい」「こんな話題を加えたい」と自分で気付くことができれば、練習の効果はさらに加速します。

他の不安はどうする？
リスニングは？ ボキャブラリは？ 発音は？

　シンプルな英語を習得できて、さらには話す内容も自分で組み立てられたとしても、相手が話している内容が聞き取れなければコミュニケーションができないのでは、という声もあるでしょう。また、発音はどうする？ ボキャブラリはどうする？　と英語の不安はつきません。しかし Take it easy!（大丈夫）。英語の学習は「組み立て」が上手くいけば加速度的に進みます。組み立て、つまり主語と動詞が英文の構造を決める重要さを理解すれば、それをリスニングにも利用できます。ボキャブラリは、英文を組み立てて発話をしているうちに、自分に必要な単語が増えていきますので心配することはありません。発音については、ポイントや練習方法は第6章で説明をしますが、基本的には、口を広くあけることで滑舌（かつぜつ）に気をつけ、声の張りを意識し、熱意を持って話せば大丈夫です。

リスニングでは、英文を組み立てるときと同じように「主語」→「動詞」に着目をして相手の話を聞きます。主語と動詞、特に動詞を探すことで英文の構造がとらえやすくなり、聞き取れる可能性が高まります。つまり「シンプルな英語の組み立て」をマスターできれば、リスニングで相手の話を見失うことが少なくなります。また、リスニングと並行して自分が話せる話題を増やせば、相手を自分の話題に巻き込むことができます。そうすれば相手の発話を予測しやすくなります。相手が話すことが予測できる、または自分が興味のある内容に話題を寄せることができれば、聞き取りやすくなります。相手が話す内容が予測不能であったり、自分に興味のない内容だったりすると、聞き取れないものです。

　日常や仕事上での会話の場合には、話題を想定してリスニング・スピーキング両方に役立つ英文を準備しておきましょう。話す相手が決まっている場合には、予測不能な話題に発展することはあまりなく、話題がある程度予測できます。仕事の話をするのであれば、製品の話、競合相手の話、コストの話など、話題の予測がつきますので、それに合わせた質問や話題を予習して英作しておくことで、リスニングも平易になり、途中で発話もしやすくなります。また、ホットな話題や時事問題についても、英語で情報を収集して内容の把握と発話の準備をしておきましょう。そして、できるだけ相手のペースに巻き込まれないよう、自分で話題をコントロールします。それを行うためには、話題を準備し、自分で話し続けることが重要で

す。それが上手くできれば、つまり「組み立て」を効果的に行っていれば、リスニングで話題を見失ってしまう機会が減ります。

　例えばTOEICのリスニングが難しい理由の1つに内容が予測不能で場面が随時変わることがあげられます。自分の守備範囲内の話題に絞って会話を進めることで、リスニングができると感じられるでしょう。また、実際にどんどん話すことで、自分の発話する音声でも耳が鍛えられ、少しずつリスニングが改善できます。

　最後に4技能のうちのリーディングについても、英語の組み立てを理解すれば、動詞を探すことで英文の構造を把握できるため、理解しやすくなります。4つの技能はそれぞれ個別に伸ばすものではなく、いずれも英語の一側面ですから、絡み合いながら伸びていきます。そのための基礎となるのが英文の組み立てなのです（スピー

あなたの英語を目標レベルへと支えて押し上げてくれる「主語 S・動詞 V」組み立て力

英語の組み立ての土台で
4技能が伸びる
● スピーキング
● ライティング
● リスニング
● リーディング
＋ボキャブラリと
　発音も

UP

SとV

英語の4つの技能は別々の教科ではない。すべてが同じ軸上で一緒に伸びていく。また、ボキャブラリも発音も絡まり合いながら伸びていく。着実に、そして上手く進めば指数関数的に一気に伸びる。

5 「組み立て準備」「発話」「振り返り」を繰り返そう

英語が口から出てこない……大丈夫、準備をしましょう

　手はじめに、自分の話したいことを準備しましょう。ここでは一例として、英語で自己紹介をしてください。自分の名前や出身地など、思いつくままに、英語で自分を紹介する文を頭の中で組み立てて、口に出してみましょう。試しに1分間、話し続けてください。自己紹介を上手くできるようにしておけば、仕事の話の合間に随時アレンジをして雑談に使うことができて便利です。

　陥りがちな苦しい例：

My name is _____.　　（氏名）
I'm from _____.　　（出身地）
My hobby is _____.　　（趣味は〜です）
I live in _____.　　　　（今住んでいるところ）…… 沈黙

　いかがだったでしょうか。上手く口から出てこなかった、沈黙してしまった、という場合にもご安心ください。今から準備の方法をお伝えします。自分にはこれといった趣味はないなあ、などと内容自体にも悩んでしまった方は、自己紹介の例文ストックが足りていません。「趣味（hobby）」と構えずに、自分が何をするのが好きで、何が楽しいか、といったことを含めて、自分の紹介に含めら

れる内容を一度じっくりと考えてみてください。家族やペットの話をしたい人もいれば、住んでいる地域の話を掘り下げて話したい人、仕事の話をしたい人、日常の話をしたい人、今情熱を持って取り組んでいることについて話したい人、さまざまな話題の詳細を考えます。自分の紹介ですから、話したい方向へと話を進めればよいのです。まずは話せる内容をじっくりと日本語で考えてみましょう。I enjoy ＿＿.や I love ＿＿. My passion is ＿＿.のように、シンプルな英文をたくさん組み立てましょう。一度作成してしまえば、毎回思い出して同じものを使いながら、そのつど、状況や相手の興味に合わせて、英文を足していくことができます。

　自己紹介の出だしは気に入った表現に決めましょう。例えば名前は I'm ＿＿.（下の名前またはフルネーム）で平易に伝えます。You can call me ＿＿.（〜と呼んでくださいね）などと加えてもよいでしょう。そして、I was born in ＿＿ and raised in ＿＿.（生まれは〜、育ちは〜）、I am currently based in ＿＿.（今は〜を拠点にしています）と詳細を続けます。

準備 → 発話 → 振り返りを繰り返そう

　自分のストーリーを準備したら、口に出します。そして発話を振り返り、修正をして、次の機会に備えます（詳しくは第6章）。

準備 話す内容を考え、主語と動詞を決めて組み立てる
（第2～第5章）

　日本語でじっくりと行う。英文にするためにできるだけ詳細を考える。英語は日本語よりも細かく描写する言葉なので、具体的な内容を検討する。

　英語の型に落とし込んで組み立てる。英語の特徴に合うよう明確化する。シンプルにそぎ落とした使える表現で組み立てる。英語は頭の中が透けて見える言葉。できるだけ具体的に表現。

発話 練習して発表する（第6章）

　発音がわからなければ、発音を助けてくれるサイト（P238、P245）で調べる。滑舌よく発音する。

　1日のうちの「声を出せるとき」（家事の合間や車での移動中も含む）にスピーチを練習する。1人での練習ではスマホのボイスメモなどに録音する。オンライン英会話のような機会を作れる場合には、会話の相手にフィードバックを求めるとともに、英会話の内容も録音しておく。

振り返り 発話を振り返り、改善する（第6章）

　上手くいかなかったところを特定して解決し、次回に活かす。より効率的な英語の組み立てがないかを考える。時制や名詞などの細部も判断する。関連する話題を追加する。［発話］で録音した自分のスピーチを聞いて発音や文法を確認する。

　具体的に事前に英作しておけば、次に話す状況になったときに、英語が口からスラスラと出てきやすくなります。できるだけたくさんの話題に関して「過去に英文を組み立てたことがある」「過去に考えたことがある」「過去に口に出したことがある」という状態にしておくことが重要です。話せるかどうかは、結局のところ、どれだけ準備をしたかにかかっているのです。私たち日本人には、最低限の英作力が誰にでも備わっています。中学校の英語義務教育を経て、また高校やその先の英語学習を

経て、誰でも自分で英文を組み立てることができる最低限の力を備えています。それを活用しない手はありません。また、現在は機械翻訳といったツールも使って英文を組み立てることができます（P233）。

　シンプルに組み立て続けることで、それらが少しずつ「自分が提供できる話題」として膨らんでいき、英語を話すときにあなたを助けてくれるのです。慣れてくれば、準備していなかった内容も、その場で足すことができるようになります。組み立てが早くなると、いつのまにか「英語が話せるようになってきた」と感じることでしょう。

自分に関するストーリーを作ろう

　自己紹介の文をより魅力的なものにするために、身の回りのことや自分のことを説明する英文を組み立ててストックしておくことをおすすめします。普段日本語で話しているような話題でかまいません。旅行が好きな人は旅行について、料理が好きな人は料理、毎朝散歩やジョギングをしている人は散歩やジョギングを通した日々の発見について、それを熱く語れるようにしましょう。英語では、小さなことも大きなことも、遠慮せずに熱く語れることが重要です。まずはひな形の下線部に自由な単語を入れて練習をしてみましょう。中学校で学ぶ英文の組み立てパターンのうち、SV、SVC、SVOを使います。Ｓは主語、Ｖは動詞、Ｏは動作の対象（目的語）、Ｃは補語（主語とイコールの意味になる）です。SV、SVC、SVOの組み立てパターンの詳細は第2章から詳しく説明します。

I like _____. （私は〜が好きです）【SVO】
I enjoy _____. （私は〜するのが楽しい）【SVO】
例：learning languages（言語学習）、playing golf（ゴルフをすること）、visiting historical places（歴史的な場所を回ること）、meeting new people（新しい人に出会うこと）、baking bread（パンを焼くこと）、walking（散歩）、watching movies（映画を見ること）、being a father of two beautiful daughters（２人のすてきな娘の父親であること）、speaking English online（オンラインで英語を話すこと）

　like、enjoyの後ろに___ing（〜すること）を置きます。この「〜すること」は動詞にingを付けて名詞形にする動名詞という文法事項です（P238）。

My passion is _____.
（私が情熱を持っていることは〜です）【SVC】
I am into _____.
（私は〜に熱中しています）前置詞（P194）【SV】
_____ has been my passion.
（私が情熱を持ってきたことは〜です）【SVC】
例：music（音楽）、English（英語）、traveling（旅行）、playing the clarinet（クラリネットを演奏すること）、watching TV shows（テレビ番組を見ること）、decorating my room（部屋の模様がえ）、learning how to cook（料理ができるようになること）、blogging（ブログ）

My passion = ＿＿. という SVC の組み立てです。music や English のように名詞単体を置くこともできれば、playing the clarinet のように動作を置くこともできます。

I am into ＿＿. は前置詞 into を使って「私は〜に入り込んでいる」つまり「はまっている」という意味になり、熱中していることを表します。こちらも使い方は同じで、名詞単体や動作を置くことができます。

また、＿＿ has been my passion. というアレンジもできます。時制に現在完了形を使うことで、過去から今まで情熱を持ってきたことを表しています（時制は P122）。

My passion is to ＿＿＿＿＿＿.

（私が情熱を持っていることは〜することです）【SVC】

例：help others（他の人の役に立つこと）、protect the environment（環境を守ること）、make money（お金を稼ぐこと）、travel the world（世界を旅すること）

先と同じ My passion = ＿＿. という組み立てですが、未来指向の to 不定詞という文法事項を使い、「これから〜したい」というニュアンスを込めて表現しています。to の後ろに動詞の原形を配置します。

ビジネスパーソンであれば、何の仕事をしているかを具体的に伝えることもおすすめです。扱う製品やサービス、あなたの会社の強みや利点を詳しく説明できるようにしましょう。内容は大きなことでなくても、小さなこと、些細なことでも問題ありません。主語には組織を表

すWeや製品やサービス、またその他さまざまな話題が考えられます。

We offer _____.

（弊社では〜を提供している）【SVO】

例：a variety of healthcare products（各種健康製品）、traditional breakfast and lunch（伝統的な朝食・昼食）

Our products include _____.

（弊社の製品には〜がある）【SVO】

例：smart televisions, smart refrigerators, microwaves, and laptops（スマートテレビ、スマート冷蔵庫、電子レンジ、ノートパソコン）、cosmetics, skin care, and hair care products（化粧品、スキンケア、ヘアケア製品）

Our main services include _____.

（主要なサービスには〜がある）【SVO】

例：cloud computing and mobile app development（クラウドコンピューティングと携帯アプリの開発）、housekeeping and laundry services（家事、洗濯サービス）、graphic design（グラフィックデザイン）

Our products feature _____.

（弊社の製品の特長は〜である）【SVO】

例：detailed stitching（細かい刺繍）、stable performance（安定した性能）、large storage（大容量）

Our products will eliminate _____.

（弊社の製品では〜を不要にできる）【SVO】

例：maintenance needs（メンテナンスの必要性）、wasteful packaging（無駄の多い包装）

Our products are _____.

（弊社の製品は〜である）【SVC】

例：environmentally friendly（環境にやさしい）、cost-effective（対費用効果が高い）、versatile（多用途である）

Our products range from ____ to ____.

（弊社の製品には〜から〜がある）【SV】

例：cosmetics to hair care products（化粧品からヘアケア製品）、sweets to rice crackers（スイーツからお煎餅）、home-use copiers to office printers（家庭用コピー機からオフィスプリンタ）

Our services range from ____ to ____.

（弊社のサービスには〜から〜がある）【SV】

例：cleaning your air conditioners to vacuuming（エアコンクリーニングから掃除機がけ）、IT consultancy and support to software development（ITコンサルティングやサポートからソフト開発）

We value _____.

（弊社が大切にしているものは〜である）【SVO】

例：people（人）、customers（お客様）、time management
（時間管理）

We focus on _____.

（弊社は〜に取り組んでいる）【SV】

例：office automation（オフィス内の自動化）、developing
environmentally friendly products（環境にやさしい製品
の開発）、meeting the quality and delivery needs of
customers（顧客の品質と配達に関するニーズを満たすこと）

　自己紹介に簡単に使えるさまざまなひな形を見ていた
だきました。シンプルなパターンで色々な話題の例文を
組み立て、ストックしておきましょう。英文を組み立て
る、発話する、修正と追加をする。このサイクルを繰り
返すことで、少しずつ、確実に英語が話せるようになり
ます。

第2章
主語と動詞で組み立てる①

SVOを中心に

1 骨組みの主語Sと動詞Vを探そう

主語は「人や組織」「物」「概念や動作」・動作は具体的に

```
┌─────────────────┐
│  主語Sを決める  │
└─────────────────┘
         ↓
┌─────────────────┐
│  動詞Vを決める  │
└─────────────────┘
         ↓
┌─────────────────────┐
│ 情報があれば追加する │
└─────────────────────┘
```

「主語」をはじめに置き、続けて「動詞」を置く。これが英語の基本です。その先は、必要な情報があれば加えます。先に紹介したさまざまな種類の主語（P42）から、自由に選んで「主語」→「動詞」を並べる練習を開始します。難しい日本語はそぎ落とし、曖昧な日本語は明確化しながら、英語の主語と動詞を取り出します。

　本書では、学校で習ったいわゆる5つの文型のうち、SV、SVC、SVOの3つを使います。中でもSVOを多く使います。SVOの特徴は本章、SV、SVCの特徴は第3章で詳しく説明します。

【SVO】	誰かが何かをする行為を提示
【SV】	ひとりでに起こる動作を描写 主語がどこに「ある・いる」かを描写
【SVC】	主語の「正体」または「状態」を描写

英文の組み立ての答えは１つではありません。自由に主語と動詞を決めて頭の中で英文を組み立ててください。自由に区切って主語と動詞を取り出してください。

■弊社は空調機器を扱っている会社で[1]、東京都杉並区に本社があります[2]。従業員は約１万5000人で[3]世界10ヵ所に拠点があります[4]。創業100年以上[6]の大手２社による合弁会社として発足しました[5]。空調事業を通じて社会に貢献することにより[7]、持続可能な社会の形成に役立ちたいと考えています[8]。

---

1. 弊社は空調機器を扱っている会社です。

主語 弊社

動詞 提供する・開発する・設計する・
　　　製造する・取り組むなど（「扱う」を具体化）

Our company offers air conditioning solutions.　　　【SVO】

Our company develops air conditioning systems.　　【SVO】

Our company designs and manufactures air conditioners.

【SVO】

Our company addresses the air conditioning needs of your building.　　　【SVO】

　　（solutions＝ソリューション　address＝～に取り組む）

　日本語にも主語「弊社」がありますので、英語の主語が上手く見つかりました。動詞に具体的なさまざまな動作（提供する・開発する・設計する・製造する・取り組む）を使うことで、【SVO】でシンプルに表せました。元の日本語「扱う」は文字通りhandle（扱う）も可能ですが、offer、 develop、design and manufacture、addressのように具体化するとベターです。

　動詞の決まりごととして、主語が I と You 以外で単数、動詞が現在形のときに動詞にエス（s）を付けます。三人称単数現在形（三単現）の s があることで、動詞の場所がわかりやすくなります。

　主語は組織を表すWeでも可能です。

　動詞offer、develop、design、manufacture、addressは「何かに働きかける」という特徴を持っている「動きのある」動詞です。これらの動詞は例えばOur company offersで文を終えることができず、必ず「何を提供しているのか」を言わなくてはならない動詞です。「他の情報が必須の動詞」ということで「他動詞」と理解しておきましょう。

2. 東京都杉並区に本社があります。

主語 弊社・我々　　**動詞** 有する・ある

We have our headquarters in Suginami-Ku, Tokyo.　【SVO】

Our headquarters are in Suginami-Ku, Tokyo.　　　　【SV】

We are in Suginami-Ku, Tokyo.　　　　　　　　　　　【SV】

（headquarters＝本社）

　日本語では 2 文続けて主語が同じ場合には主語を繰り返しません。一方、英語は必ず主語が必要です。主語は引き続き「弊社」または「本社」とします。平易な万能動詞have（〜を有する）を使って【SVO】、またはbe動詞（〜にある）を使って【SV】でシンプルに表せました。

3. 従業員は約1万5000人です。

主語 我々　　**動詞** 有する

We have about 15,000 employees.　　　　　　　　　　【SVO】

　　　　　　　　　　　　　　　　　　　（employees＝従業員）

　次の主語には簡単なWe（自分たち）を使いました。動詞にも簡単で万能な「有する」を表すhaveを使い（P70）、【SVO】で力強く表せました。「従業員」は単語employeesを知らなければstaff members（スタッフメンバー）やmembers（メンバー）でも十分です。

4. 世界10ヵ所に拠点があります。

主語 我々　　**動詞** 有する

We have 10 locations across the world.　　　　　　　【SVO】

　3.と同様に【SVO】で表現しました。「拠点」はlocationsとしました。他にはoffices（事務所・営業所）やfacilities（施設）、factories（工場）などとさらに具体化することも可能です。

5. 大手2社による合弁会社として発足しました。

主語 我々　　**動詞**（合弁会社）である

We are a joint venture between two major companies.

　　　　　　　　　　　　　　　　　　　　　　　　　　【SVC】

　　　　　　　　　　　　　　　　　　（joint venture＝合弁会社）

【SVC】で主語が何ものであるかを定義しました。主語と補語Cにあたるjoint ventureがイコールの関係として表されます。

6. 創業100年以上の会社です。

主語 2社　**動詞** (100歳) である

These companies are both over 100 years old.　　　【SVC】

主語には先の「2社」を使いました。動詞はbe動詞を使った【SVC】で「何歳」と表現しました。年齢を表すI am X years old.（私は〜歳です）と同じ言い方です。【SVC】は主語と補語（C）がイコールの関係になります。These companies が over 100 years old という関係が成り立ちます。

7. 空調事業を通じて社会に貢献します。

主語 空調事業　**動詞** 社会に恩恵をもたらす

Our air conditioning solutions will benefit society.

【SVO】

（benefit = 恩恵をもたらす）

「空調事業」は主語を決める際に air conditioning solutions（空調ソリューション）と具体化しました。動詞には benefit という明快な動詞を使って【SVO】で組み立てました（P87）。

8. 持続可能な社会の形成に役立ちたいと考えています。

主語 ソリューション　**動詞** 改善する

Our solutions also improve sustainability.　　　【SVO】

（improve = 改善する　sustainability = 持続可能性）

ここで主語を見つけにくくなったため、前の文で使った主語solutions（ソリューション）を引き続き使いました

（P216）。また、動詞も見つけにくくなったため、発想を変えて「持続可能性を高める」とそぎ落としてimprove（改善する）という動詞を使って【SVO】で表しました。

> **シンプルな英語 :** Our company offers air conditioning solutions. Our headquarters are in Suginami-Ku, Tokyo. We have about 15,000 employees. We have 10 locations across the world. We are a joint venture between two major companies. These companies are both over 100 years old. Our air conditioning solutions will benefit society. Our solutions also improve sustainability. (53ワード)

　これが本書で練習するシンプルな英語です。英語の単語数53ワードで表現しています。日本語をそのまま置きかえた英語の例と比較してみましょう。75ワード使っています。組み立てが長くなってしまうと、発音も難しく、相手に伝わりにくくなります。

> **日本語から置きかえた英語 :** We are a company that deals with air conditioners, and our headquarters are located in Suginami-Ku in Tokyo. There are about 15,000 employees in our company, and 10 locations all around the world. Our company was established as a joint venture by two major companies that both have been in business for over 100 years. We would like to help the formation of a sustainable society by contributing to society through our air conditioning business. (75ワード)

　複雑な英語ではなくシンプルな英語を目指すことに同意してくださった方は、続けて短い文章を使って【SVO】【SV】【SVC】の練習を開始しましょう。

　「シンプルな英語」では各文が短すぎないか、と不安を

感じる方は、第5章「8　ゆくゆくは文をつなぐ」にて、文をつなぐ例も示していますので、そちらをご覧ください（P222）。短い文で組み立てたのち、その先には文と文をつなぐ方法もあります。今は安心して、短くシンプルな英語を練習していただきたいと思います。

2 万能動詞haveで説明する主語S-動詞V-目的語O

最も力強いSVOのすすめ

　主語Sを決め、動詞Vを決めてシンプルに英文を組み立てる際に重要となるのが主語Sと動詞Vの後ろに「動作の対象」を配置するSVOです。SVOは「誰かが何かをする」という最も力強い英文のパターンです。

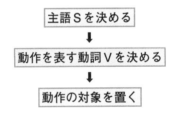

　主語Sは「人や組織」「物」「動作」「概念」などから選びます（P42）。動詞は「動作の対象」を後ろに必要とする「他動詞」を使います。最も簡単で万能な動詞haveを使ったSVOのパターンを説明します。

haveは「間近な状況」からさまざまな文脈へ広がる

　SVOに使う動詞haveは主語の「間近な状況」を表します。ビジネスにもプライベートにも多様な場面で使えます。主語を決めて、動詞にhaveを使って英文を組み立ててください。

■米国人の取締役がいます。

We have board members from the U.S.

Our company has board members from the U.S.

The board of directors has members from the U.S.

(the board of directors = 取締役会)

　日本語に主語がないときもWeをはじめとした主語を選びます。

■この施設にはWi-Fiが使える会議室もあって、多くのベンチャーが集います。

This place has meeting rooms with Wi-Fi. **The place attracts** many startups.

haveの主語には「場所（place）」も使えます。

■日本は冬が長く、その後の春はとても短いです。

Japan has a long winter, and then a short spring.

■東京には綺麗な公園が数多くあります。

Tokyo has many beautiful gardens.

場所の主語を練習。「日本」や「東京」も主語になれます。

■会社のTwitterがあります。

Our company has a Twitter account.

■現地のスタッフは英語のアクセントが強いです。

Staff members there **have** a thick accent in English.

(thick accent＝強いアクセント)

heavy accent や strong accent も可能

■弊社は製造拠点を国内のみならず、海外にも展開しています。

We have production facilities both in Japan and abroad.

「展開」といった難しい日本語も have で平易に表せます。

■日本語版の会社案内はありますか。

Do you have a company brochure in Japanese?

疑問文は Do you＿？の形が最も簡単。Do you have＿？と尋ねることで「ありますか」つまり「ください」と要求することができます。

■参加させてもらってありがとう。

Thank you for **having me** in your team.

「私を間近にいさせてもらって」を表す have me（私を持つ）は広い用途があります。プロジェクトの終わりの感謝だけでなく、はじまりに「よろしく」という挨拶としても使えます。Thank you for having me here. で here＝「ここ」を表せば、「お招きくださりありがとう」とい

うプライベートの文脈でも使えます。

■お水をいただきたいです。

I'll have water.

「ください」というお願いや注文全般に使えます。お店で使う I'll have this shirt. で「このシャツにします」、I'll have the lunch combo.「ランチセットにします」、Would you like coffee?「コーヒーにしますか」と友人宅で聞かれて、No. I'll just have water.「いえ、お水でお願いします」といった表現も可能です。同様の文脈でtakeやgetも使えますが、haveのほうが正式で気品高い表現となります。

■そのことに関しては、わかりかねます。

We have no information about that.

have no ___ も便利です。I have no idea.「わかりません」、I had no idea.「まさかそんなことがあったとは」、We have no choice.「選択肢がありません＝仕方ありませんね」、さらには主語を人から無生物に替えてMy mobile phone has no power.「携帯電話の電池が切れました」やThe product has no value.「この製品には価値がない」など色々な文脈で使えます。

3 平易で万能な need で要求を表す

needでビジネス・プライベートの要求を表そう

SVOに使う動詞needで「〜したい」という要求や重要なことを表せます。人も物も主語になれる動詞です。

■休憩しましょうか。コーヒーが飲みたい。空気も入れ替えましょう。

We need a break now. I need some coffee. We also need fresh air.

和文には主語がありません。WeやIの「人」を主語にします。Weを使うとその場にいる人たちを巻き込むような表現、Iは個人的意見となります。人を主語にするとき、団体や組織の意見として言いたい場合にWe、個人的な意見として言いたい場合にIを使います。

■ホワイトボードを拭いておいてください（拭かないといけない状態です）。

The whiteboard needs wiping.

（wiping＝拭き取ること）

needの主語は物も可能です。「物が〜を必要としている」とできます。The shirt needs washing.（このシャツ洗わなくては）、The printer needs paper.（プリンタに用紙がありません）やThe printer needs your attention.（プリンタにエラーが出ています。attention＝注目）、などとさまざまな文脈で正式にも略式にも使えます。

74

■新製品開発にはお金と時間がかかります。

Developing new products needs time and money.

needの主語は「物」に加えて「動作」も可能です。develop＝「開発する」を動名詞にして表したDeveloping new products「新製品を開発すること」を主語に使いました。

■強く効果的なチームを作るにはコミュニケーションが必要です。

A strong and effective team needs communication.
Building a strong and effective team needs communication.

「〜するためには」といった目的を主語にすることができます。needの主語には抽象的な概念も使えます。ここでは、needの代わりに動詞requireも使えます（P76）。

■時間を有効に使いましょう。

need to＋動詞の原形＝〜しなければならない

We need to maximize our time.

（maximize＝最大限に活用する）

need toの後にもう一つ動詞を置いて「〜しなければならない」と表せます。I need to go and pick up our clients.（顧客を迎えに行かなければならない）やI need to be home early today.（今日は早く帰って家にいなければならない）など色々な文脈で使えて便利です。未来指向のto不定詞を使い「これから〜しなければならない」というニュアンスを込めて表現します。

■お手伝いしましょうか。

Do you need help?

You「あなた」が主語の疑問文です。Can I help you?
やShall I help you?（いずれも「お手伝いしましょうか」）と
いった主語がI「私」つまり「自分」目線の問いかけよ
りも、youとneedの組み合わせを使うことで直接的に
「手伝いが要るかどうか」を尋ねます。Yes, please.（は
い、お願いします）またはNo. I'm fine. Thanks.（いいえ、
大丈夫です）などとYesかNoの返事がすぐに返ってくる
でしょう。

Coffee Break ☕

動詞needの特徴をwantとrequireとの比較で理解

人が主語のneedは、want（〜したい）のビジネス向け表現

　人を主語にして「要求」を表したいとき、別の動詞
want（〜したい）が頭に浮かぶかもしれません。しか
し、We want a break now. I want some coffee.（休憩
が欲しい。コーヒーが飲みたい）といった欲求にはwant
ではなく、needを使ってみましょう。wantはもともと
「欠ける」という意味があるのでwantで自分の「した
いこと」を伝えると感情のままに欲求を述べているよう
に聞こえてしまうことがあります。そこで、自分の欲求
を表すときにはwantよりもneedやwould likeを使う
のがビジネスの現場では適切です。なお、Do you want
me to open the window?（窓を開けましょうか）やYou
might want to visit the shop.（そのお店に行くとよいか
もしれません＝そのお店はおすすめです）のように人の欲

求に対してwantを使うことは問題なく可能です。

物が主語のneedは、require（〜を要する）の平易版

「必要」というともう少し固い表現のrequireを目にしたことがある人もいるかもしれません。requireは強い「要請」を表すため、人を主語にしたrequireは「法的要件」といった意味になります。The government required us to quarantine.（政府は我々に強制隔離を求めた）といった場面で使います（quarantine＝［伝染病予防のために］隔離する）。多くの場合に物が主語となり、例えばThe printer requires user intervention.（intervention＝介入）は、「プリンタエラー」としてよく目にする正式表現です。Developing new products requires time and money.はneedと異なり客観的で正式な表現。「報告書」といった書き物でも有効な表現になります。

4 平易なseeとfindの目線

「見える」と「見つける」のseeとfindを比べよう

　動詞seeは「目に入ってくる」状況を表します。動詞findは「探して見つける」ことを表します。

　■週末は多くの人が外出しているようです。

We see so many people around on weekends.
You see so many people around on weekends.

　We「私たち」も You「あなた」も主語に使えます。主語がYouの場合には主語がWeの場合ほど確信が持てな

いので（あなたに見えているかがはっきりわからないので）、気持ちを加える助動詞を使って（P141）You'll see so many people around on weekends. とするのも自然です。

■上からの眺めは良いですよ。

You can see a beautiful view up there.
We can see a beautiful view up there.

助動詞canを組み合わせました。主語はYouもWeも可能です。Weでは「相手を巻き込む」印象になります。

■通りにはカフェがたくさんあります。お気に入りがきっと見つかりますよ。

You see many cafes on the street. **You'll find** one good for you.

Youを主語にしてseeは「自然に見える」、findは「探して見つける」。

■弊社の建物は駅を降りたら目の前です。見逃すことはありません。

You'll find our building right in front of the station. **You'll see** it anyway. (= You cannot miss it.)

find「見つける」とsee「目に入る」の違いを活かした表現です。　　　　　　　　　　　　　　　　　　　　（miss = 見逃す）

see と tell の自動詞使い

■そうなんですね。　　　■そのうちにわかりますよ。

I see.　　　　　　　　　You'll see. / We'll see.

■時が経てばわかるでしょう。

Only time will tell.

「何が見える」かを後ろに置かないseeの自動詞使いです。文のパターンはSVOではなくSVとなります。「へえ〜、わかった」というのが I see. です。You'll see. は「そのうちあなたにも見えてくるでしょう＝そのうちわかるでしょう」、We'll see. は「そのうち私たちに見えてくるでしょう＝そのうちわかるでしょう」。加えてtell（言う）も面白い動詞です。「時間が言うでしょう」で同様に「そのうちわかるでしょう」を意味しています。

5 便利なuseとinclude

主語を選ばない便利な動詞use、include

「人」も「物」も（そして「概念」も「動作」も「このこと」も）主語にできる便利な動詞useとincludeを使います。さまざまな文脈での使用が可能です。

【use】

■毎日メールをします。

I use email every day.

「メールをします」には動詞emailも使えますが、I email my friends.やI email my family.やI email someone every day.などと「誰に」メールをするのかを言わなくてはなりません。そこでemailを名詞で使ってI use email.とすると簡単です。なお、emailは1つ1つのメッセージとしては数えますが、手段としては数えないので冠詞は不要。

■タッチパネルには太陽電池を搭載しています。

The touchscreen uses solar cells.

useの主語は「物」も可能。「無生物が使う」という発想は便利。

■弊社の製造工程では環境に優しい材料を使っています。

Our manufacturing processes use environmentally friendly materials.

useの無生物主語の文脈は多岐にわたる。

■特殊な販売戦略を採用しています。

We use special sales strategies.

The company uses special sales strategies.

「採用する」といった難しい言葉もemployやadoptをやめてuseで表す。

■この製品ラインは大変カラフルなのが特徴です。

This product lineup uses many colors.

【include】

　動詞includeは全体の一部として「含む」ことを示します。例示をする文脈でも使えます。

■主力製品にビジネスパーソン向けの手帳があります。

Our main products include schedule planners for businesspersons.

　includeが表す「含む」は「他にもある」ことを暗示。「手帳」以外にも製品があることが示されている。

■従業員には元特許庁審査官もいる。

Our staff includes former JPO examiners.

（JPO = Japan Patent Office 日本特許庁）

■ソフトにオプション機能が色々ある。

The software includes options.

■製品には４つのモデルQ21、Q23、Q24、Q25があります。

The product series includes four models, Q21, Q23, Q24, and Q25.

■弊社の相談窓口では、消費者問題に関しても対応をしています。商品やサービスに関する問題についても対応いたします。

Our consultations can cover consumer affairs. **This includes** problems about commercial goods and services.

（consumer affairs＝消費者問題）

　主語の種類としてThisを紹介しました（P44）。話した内容をまとめてThisを主語に選択した場合の動詞にもincludeは使えるケースが多くあります。

6　ポジティブな気持ちを表す like、enjoy、love

プライベートにもビジネスにも使える人間関係を円滑にする動詞群

　like（好き）、enjoy（楽しい）、love（大好き）を使ってポジティブな気持ちを表しましょう。プライベートだけでなくビジネスの現場でも使えます。用途は【趣味を話す】【同意する】【相手の身に付けているものや工夫を褒める】【疑問文How do/did you like ___?で感想を聞く】です。主語Sと動詞Vを探してどんどん英作しましょう。

趣味を話す

■趣味は英語です。

I like English.　　　　　英語が好き。

I like learning English.　英語を学ぶのが好き。

I like reading books about English grammar.
　　　　　　　　　　　英文法の本を読むのが好き。

I enjoy learning English.　英語を学ぶのが楽しい。

I enjoy speaking to people across the world in English.
世界の人と英語で話すのが楽しい。

I enjoy sharing my ideas in English through social media.
SNSで英語で情報発信するのが楽しい。

（share my ideas＝アイディアをシェアする）

I love English. 英語が大好き。

I love learning English. 英語を学ぶのが大好き。

I love watching American TV drama series with English subtitles. アメリカのテレビドラマを英語字幕付きで見るのが大好き。

「ポジティブ」な印象を与える第1文を明快に開始できたら、続いてどんどん話題を膨らませることもできます。

I like English. I often read books in English. My favorite is the Harry Potter series. I enjoy reading fantasy novels. I also read business books. Do you have any recommendations for me?
英語が好きなので、英語の本をよく読みます。愛読書はハリーポッターシリーズ。ファンタジー小説を読むのが好きです。ビジネス書も読みます。何かおすすめの本はありますか。

同意する

■それ、良いと思います。

I like your idea. / **I like** that.

I love your idea. / I love that.

　相手の提案や相手の話に対する一言目におすすめです。I like your idea. や I like that. と言ったあとに、さらに詳細を続けるとよいでしょう。

I love your idea. Let's do it.
　　　　　それ、とても良いですね。是非行いましょう。

　何か提案をしてくれた人への同意など、さまざまな場面で使えます。

番外編：【同意する】の変形で「まあ別に、いいんじゃない？」や「なんとなく、いいんじゃない？」とぼやかして言いたいときがあるかもしれません。そのような場合には、「kind of＝いくらか」を間に入れて、I kind of like it. とできます。

相手の身に付けているものや工夫を褒める

■シャツが素敵ですね。色がいいですね。
I like your shirt. I like the color.
■髪型が素敵ですね。髪を切ったのですね。
I like your hair. Did you have a haircut?

　疑問文は Do/Did you＿＿? が基本です。Do you＿＿? は現在、Did you＿＿? は過去のことを尋ねます。

　積極的に「いいですね」と表現することで「相手を大

切にしている」気持ちを表します。なお、英語圏では相手の「身体の特徴」に触れる、つまり「体型が細いですね」や「顔が小さいですね」は不適です。人によって望ましい姿の感覚が異なるためです。その代わりに、相手の身に付けているものや相手のちょっとしたおしゃれや工夫について I like___. を使って気持ちを表します。

疑問文 How do/did you like __? で感想を聞く

疑問文は Do you ___? が基本ですが、そこに How を加えることで「どのように好き？」の意味になります。答えは I like/liked___. やここでも enjoy、love も使えます。

■この会社のどこが好きですか？

How do you like the company?

I like the environment.

環境がいいです。

I like all the challenges here.

難しい仕事に挑戦ができることが好きです。

I enjoy meeting many new customers.

多くの新しいお客様に出会えることが楽しい。

■新しいウェブセミナーはどうでしたか？

How did you like the new webinar?

（webinar = ウェブセミナー）

I liked the wide coverage of the topic.

トピックが広くカバーされていたのがよかったです。

I enjoyed the new format. The slides were easy to read. The speaker had a clear voice.

新しい形式のセミナー、良かったです。スライドも見やすく、講師の声もクリアでした。

---

happyやloveで仕事上でも「愛」をちりばめるネイティブのポジティブ発想

　英語ネイティブと仕事をしていると、非ネイティブが少し遠慮してしまうような単語happy、love、lovelyを気軽に使うことに気付きます。いずれの単語も、言われた瞬間に「ぱっ」と心が晴れやかになるような響きを持っています。

■仕事を依頼したときのメールの返信

I am happy to help you.　喜んでお引き受けします。

■仕事上のアドバイスを伝えたときの応答

I love your idea.　その提案、いいですね。

■初対面の人との別れ際のコメント

It is lovely to meet you.　あなたに会えて良かった。

（lovelyはアメリカでは女性が使うことが多く、イギリスでは男女共に多く使われるようです）

7 具体的で明快なbenefit、feature、dominateほか

動詞１語で明快に表そう

　ＳＶＯを作る動詞には力強く具体的なものがあります。主語と動詞を上手く使って明快に表現してみましょう。

名詞が有名な benefit、feature

　英語は動詞を活かす言葉です。名詞かなと思える単語が動詞として明快に使える場合があります。

【benefit（〜に恩恵をもたらす）】

■社員研修は会社の利益につながる。

Employee training will benefit your company.

　名詞「恩恵・利点」を使ったEmployee training will provide benefits to your company. より短い。

　自動詞として使った場合にはYour company can benefit from employee training.（自動詞はP94）

【feature（〜の目玉・見所・特徴となる）】

■今回の展示会はIT企業100社のプレゼンが見所である。

The exhibition features presentations by 100 IT companies.

動詞featureで短く表現。

■新機種は、ミュート機能を有するアップグレードマイクが特徴である。

The new model features an upgraded microphone with a

mute option.

動詞featureで短く表現。

明確で便利なdominate、innovate、house、carry、minimize、maximize、involve

　効果的な動詞を知っていれば英文が短くなり、組み立てが楽にできます。短くなれば発音も簡単です。気に入った動詞に出合ったら積極的に使ってみましょう。

【dominate（〜の主流となる）】

■ウェブ上でのVRがゲームの主流となっていく。

Web-based virtual reality (VR) will dominate gaming.

Web-based virtual reality (VR) will be the mainstream for gaming. よりも力強い。

【innovate（〜を刷新する）】

■将来の世代が既存のビジネスモデルを刷新するだろう。

Future generations will innovate existing business models.

【house（〜を収容する）】

■建物には5つの実験室がある。

The building houses five laboratories.

There are five laboratories in the building. よりも平易。

【carry（〜を有する）】

■1ドルショップには色々な金物類や料理器具、家庭用品

がある。

A dollar store carries many hardware items, cooking utensils, and other household goods.

There are many hardware items, cooking utensils, and other household goods in a dollar shop. よりも平易。

【minimize(〜を最小限にする)、maximize(〜を最大限にする)】

■コストを最小限にして生産性を最大限に高めるべきだ。

We must maximize the productivity and minimize the cost.

名詞maximum、minimum「最大限・最小限」を使った We must increase the productivity to its maximum and reduce the cost to its minimum. よりも平易。

【involve (〜を巻き込む)】

■英語の勉強には努力が必要です。

Learning English involves efforts.

平易な We must make efforts to learn English. から「人」の気配を消した表現。

8 パワフルなoutweigh、outperformや便利なallow、enableほか

頭にoutを組み合わせた明快なoutweigh、outpace、outnumber、outperform

接頭辞を組み合わせた効果的な動詞も英語の特徴です。一言で具体的な意味を表す動詞が使えれば、組み立

てる際の判断が最小限になります。使う単語数が減るので、冠詞や前置詞の判断が減ります（P172、P189）。

【outweigh（〜より重要となる）】

■ワクチンを受けることは利点が欠点を上回る。

The benefits of vaccinations outweigh the potential risks.

「〜よりもはるかに大きい」を使って The benefits of vaccinations are far greater than the potential risks. をより短く表現。

【outpace（〜より速度が上回る）】

■欧州の電気自動車の売り上げは中国を上回っている。

European EV sales outpace Chinese EV sales.

The pace of European EV sales exceeds that of Chinese EV sales. よりも短い。　　（EV = electric vehicle 電気自動車）

【outnumber（〜より数が勝る）】

■英語非ネイティブの数はネイティブよりもはるかに多い。

Nonnative speakers of English far outnumber native speakers of English.

The number of nonnative speakers of English is larger than the number of native speakers of English. よりも短い。

【outperform（〜より性能が勝る）】

■弊社のブランドは競合他社よりも勝っている。

Our brands outperform our competitors.

The performance of our brands is better than the performance of our competitors. や Our brands perform better than our competitors. よりも短い。

便利で万能な「～を許容する・可能にする」「～を引き起こす」を表すallow、enable、cause

　使い方はallow、enableの後ろに名詞形で動作を置く、またはallow、enableの後ろに誰かまたは何かを置き、to、そして動作を置きます。allowとenableはポジティブな内容に使い、causeは中立的またはネガティブな内容に使います。

【allow（～を許容する）】

■ペイパルを使えばオンラインでの支払いができる。

PayPal allows online payment.
PayPal allows us to pay online.

■Wi-Fiで無線通信ができる。

Wi-Fi allows wireless communication.
Wi-Fi allows users to communicate wirelessly.

【enable（～を可能にする）】

■インスタグラムを使って写真やビデオを共有できる。

Instagram enables sharing of your photos and videos.
Instagram enables you to share photos and videos.

【cause（〜を引き起こす）】

■スピード違反は車の事故の大半の原因となっている。

Speeding causes most car accidents.

■携帯電話で長時間ゲームをすると電話が熱くなることがある。

Gaming for too long can cause your mobile phone to be hot.

第3章
主語と動詞で組み立てる②

SVとSVCも活かそう

1 主語Sと動詞Vだけが骨組みのSV

主語Sを決める

↓

ひとりでに起こる動作を表す動詞Vを決める

修飾を加えることがある

　先に説明をした「最強の組み立て」SVOでは「他の情報が必須の動詞」を使いました。続いて、もう一つの動詞の種類を紹介します。「自分だけでひとりでに起こる動作を表す動詞」で「自動詞」と呼ばれます。他の情報を必須とせずに完結し、主語と動詞だけで文の骨組みを作るSVという組み立てパターンです。

　自動詞を使ったSVが良いのは「受け身にならない」ところです。「ひとりでに起こる」動作を表すのですから、誰かに何かをされる、という受け身にはなりません。常に能動態表現とすることで、簡潔かつ明快に表せます。

自動詞だけの動詞

　自動詞の使い方だけしかない動詞があります。happen（起こる）、occur（生じる）、go（行く）、come（来る）、emerge（生じる）、result（生じる）などです。「ひとりでに起こる」という自動詞の「心」を味わってください。

■間違いは起こるものだ。

Mistakes will happen.

Mistakes will occur.

■この企画で行きましょう。

We should go with this plan.

■チームの各人はさまざまな背景を有している。

The team members come from different backgrounds.

■イノベーションが小さな会社で生まれることもあります。

Innovations can emerge from small companies.

■市場競争のために低価格化が進んでいます。

The lower prices result from market competition.

（market competition ＝ 市場競争）

自動詞と他動詞の両方で使える動詞

　1つの動詞が自動詞と他動詞の両方の役割を持っていることが多くあります。そのような場合には、自動詞と他動詞のどちらを使うのが効果的かを考えます。自動詞が効果的に使える例を他動詞との比較をしながら紹介します。

■インターネットがあれば世界とつながることができる。

You can connect to the world through the Internet. 　【SV】

You can be connected to the world through the Internet.

【SVO・受け身】

The Internet can connect you to the world. 【SVO・能動】

「あなたがつながっている」に自動詞、「あなたがつながれる（受け身）」や「インターネットがあなたをつなげる（能動）」に他動詞。 なお、SVの文は主語と動詞だけでは伝える文脈が足りないことがあり、修飾が付く場合も多い。つまり、You can connect.（接続できる状態です）でも文は成り立ちますが、to the world（世界に）、through the Internet（インターネットを通じて）のように必須ではない説明を加えて文脈（伝えたいこと）を充実させる場合が多くなります。

■就業規則が変わりました。

The working rules have changed. 【SV】

「規則が変わった」ことを「ひとりでに起こる」こととして見たまま描写。なお、時制に現在完了形を使うことで、ここ最近に変わったことを示しています（P122）。

The working rules have been changed. 【SVO・受け身】

The company has changed the working rules.【SVO・能動】

誰かが変えたことを言いたい場合は他動詞を選択。前者は受け身で「変えられた」こと、後者は能動で「会社

が変えた」ことを表します。

Machine translation must improve over time. 【SV】

Machine translation must be improved with more input
datasets. 【SVO・受け身】
More input datasets must improve machine translation.
【SVO・能動】

入力データが増えれば機械翻訳の精度が上がるでしょう。

improve ＝「改善する」も自他両用。「ひとりでに改
善する（自動詞）」と「何かによって改善される・何かが
改善する（他動詞）」を使いこなすとよいでしょう。

The meeting ends here.

The meeting was ended suddenly by a power outage.
A power outage suddenly ended the meeting.

停電で会議が突然終わりになった。

（power outage ＝ 停電）

動詞endには「終わる」「終える」の両方の使い方が

あります。自動詞を使ってThe meeting ends.のみで文を完結させることができます。何かの原因が会議を終わらせた、と言いたい場合には他動詞を使います。

■助かりました。

例えば「情報を提供してくれてありがとう。(Thank you for the information.) 助かりました」という場合の「助かりました」を表現してみましょう。

That helped.	それは助けになった。

他動詞を選択した場合

You helped me.	あなたが私を助けてくれた。
That helped me.	それは私にとって役に立った。

動詞helpには「助かる」「助ける」の両方の使い方があります。ここでは動詞helpを使って「助けになる」を表しています。主語にThat＝「そのこと」を置いて「そのことは助けになった」と表しています。主語をYou（あなた）にしたYou helped me.（あなたが私を助けてくれた）や、主語Thatはそのままで That helped me.（それは私にとって役に立った）も可能。「ひとりでに起こる動詞」のほうを活かせば短く、かつ動作主を強調することなく表現できます。

■ここでは伝統的なやり方がまだ行われている。毎日伝統
が続いている。

The tradition continues here. It continues every day.

continueには「続く」「続ける」の両方の意味がありま
す。We continue the tradition here. We continue it every
day.ともできますが、continue（続く）を「ひとりでに起
こる動作」として表現することで、主語the traditionに
焦点が当たり、力強く表現できます。

■日本語「お疲れさま」は英語に翻訳できない。

The Japanese phrase "Otsukare-sama" does not translate
into English.

The Japanese phrase "Otsukare-sama" does not translate.
（英語の話をしているとわかっているときはinto Englishを省いてよい）

他動詞を選択した場合

The Japanese phrase "Otsukare-same" cannot be
translated into English.

We cannot translate the Japanese phrase "Otsukare-
sama" into English.

動詞translate（翻訳する）にも自動詞・他動詞の両方
の使い方があります。自動詞を使うことで平易に表現で
きます。「これは英語にならない」といった文脈でThis
does not translate.だけも可能。自動詞が効く表現です。

自動詞が活きる自他両用の動詞

　ビジネスの文脈でよく使う自動詞が活きる動詞を紹介します。「ひとりでに起こる」動作として上手く表すことができます。

【aim：目指す】
■弊社は今年50％の売り上げ増を目指している。

Our company aims to achieve a sales growth of 50% this year.

【focus：焦点を当てる】
■会社は環境に優しい製品の開発に取り組んでいる。

The company focuses on developing greener products.

（greener＝より環境に優しい）

【vary：さまざまである】
■ワクチン接種を躊躇する理由はさまざまです。

The reasons for vaccine hesitancy vary.

（vaccine hesitancy＝ワクチン接種を躊躇すること）

【range：及ぶ】
■弊社の製品にはプリンタからコピー機まで色々あります。

Our products range from printers to copying machines.

【fade：薄れる】
■英語を話すときの不安はすぐに薄れます。

Your fear of speaking English will fade soon.

面白い自動詞表現

簡単だけれど平易で意味が面白い自動詞もあります。

【keep：もつ】
■これらの缶詰は5年以上もつ。

These canned food products can keep for more than five years.

【last：続く】
■会議が2時間続いた。

The meeting lasted for two hours.

【matter、count：重要である】
■それは重要です。

It matters. / It counts.

■重要ではありません。

It does not matter. / It does not count.

【pay：割に合う】
■努力が割に合わない。

My effort does not pay.

【sell：売れる】
■ビジネス書はよく売れる。

Business books sell well.

【read：読める】

■彼女の本は読みやすい。

Her books read easily.

2 be動詞で主語の正体を定義するSVC

SVCの効果的な使い方を知る

　be動詞（is/am/are）は中学の英語教育でもはじめに習う動詞で、馴染みのある方も多いでしょう。be動詞を使った英文パターンでは、主語S →動詞V →そのあとに主語Sとイコールになる「～である」（補語Cと言います）を配置するSVCがあります。SVCは効果的な使い方になるように十分に留意します。時として、be動詞は長い文や複雑な文を作ってしまうためです。

主語が「何であるか」を名詞を使って定義する

　SVCの代表的な使い方は、文の後半に名詞を使って「主語が何ものであるか」、つまり主語の正体を定義する使い方です。

主語Sを決める　人・物・動作や現象
↓
be動詞を置く
↓

主語が何ものかを表す名詞

【passion：情熱】

■旅行が大好きです。

Traveling is my passion.

主語を後半の名詞が定義しています。passionは「情熱」ですが、大切に思っていること、頑張っていること、大好きなことを表せます。

■英語の勉強にはまっています。

Learning English is my current passion.

(current＝現在の)

■毎日オンラインゲームをしています。

Online gaming is my current passion.

My current passion is online gaming.

I do it every day. I am a good player now.（毎日していましたら、上手くなりました）と文を続けることも可能。

Coffee Break ☕

_____ is my passion.の便利な使い道

①主語に失敗したとき

「あなたの趣味は？」や「自己紹介してください」と言われたときに、I like traveling.（P57）のように主語を即座に決められるとよいのですが、難しい場合もあります。Travelingを主語にしてしまったような場合に、be

---

動詞は便利に使えます。

相手：What do you like to do outside of work?

「仕事以外の時間にどんなことをするのが好きですか？」

自分：Traveling

「旅行」（しまった、ブロークン英語になった。単語で答えてしまった）

　というときにbe動詞を続けてリカバーします。

is my passion now.　　旅行にはまっています。

is what I love.　　　　私が好きなことです。

　what I loveのwhatは関係代名詞で、the thing that I love（私が好きなこと）という意味です。関係代名詞whatは「先行詞を含む関係代名詞」と言われていますが、要するにthe thing（こと）の意味を含んでいる、と考えることができます。このように困ったときの会話で主に使うとよいでしょう。

②雑談を締めくくりたいとき

　___ is my passion./My passion is ___.のもう一つの用途は「話の締めくくり」です。What do you like to do?と言われて、I enjoy traveling all across Japan. I like visiting shrines and temples. I enjoy local foods there. I also love meeting new people in new places.（日本中を旅行するのが好き。寺社を訪れたり、地元の食べ物を楽しみます。また、新しい場所での出会いも楽しいです）Traveling is my passion./My passion is traveling.（そう、旅行は私の大好きなことです）と話題の締めくくりにも上手く使えます。be動詞を使った文は「状態」を表します。enjoy、likeや他の「動作を表す動詞」に比べて、静的なbe動

詞は「固く定義する」ようなイメージ。適所で効果的に
使うことが大切です。

【priority：優先事項】

■あなたの健康が第一の優先事項です。

Your health is my top priority.

　Your happiness is my top priority.

　あなたの幸せが第一です。

　Becoming rich is my top priority.

　お金持ちになることが優先事項です。

　Finding purpose in life is my top priority.

　人生に目的を見出すことが優先事項です。

　名詞priority「優先事項」を使って簡潔に定義しまし
た。プライベートでもビジネスでも使えます。

ビジネスの文脈で使う ___ is ___ top priority.

■顧客の満足度を最重視しています。

Customer satisfaction is our top priority.

■法律に従うことはビジネス上の最優先事項である。

Complying with laws is a top priority of our business.

同じ意味を表すSVOの代替案を用意しておきましょう。

We value customer satisfaction.

We prioritize customer satisfaction.

使える表現の種類を増やすことで、発話の最中にどの
　主語を選んだとしても、動詞を見つけられます。

【concern：関心事項】

■あなたが無事かどうか心配です。

Your safety is my concern.

My concern is your safety.

【none of my business：私には無関係】

■これは私には関係のないことです。

This is none of my business.

物や現象が主語

■インフルエンザにかからないためには予防接種が一番です。

The best defense against influenza is vaccination.

（defense＝予防）

　名詞を活かした表現です。主語も「インフルエンザに
かからないためには」を「インフルエンザに対する最良
の防御は」と英語を言い換えています。平易に並べます。

■水泳は健康を保つための選択肢の１つになります。（健
　康でいるために水泳も良いですね）

Swimming is a good option for you to stay healthy.

■ウーバーイーツとは食品配達サービスです。

Uber Eats is a food delivery service.

Uber Eats delivers food.（ウーバーイーツは食品を配達します）とは異なり、主語が何ものかを定義します。

人が主語

We で組織や自分たちを表す

■私たちは専門家とアマチュアの写真家の集まりです。月
　1回のサークル活動を行っています。

We are a group of professional and amateur photographers.
We meet once a month for our club activities.

SVCで主語の正体を表しています。続く2文目は自動詞meetを使ってSVで表現。

■色々な性格の人が集まっています。興味もさまざまです。

We are a mix of personalities with a variety of interests.

■私たちは同僚です。

We are colleagues.

I で個人を表す

■私は医者です。

I am a doctor.

■私はウェブデザイナーです。

I am a Web designer.

■法律関係の仕事をしています。

I am a law professional.

■英語関係の仕事をしています。

I am an English professional.

■私は主婦・主夫です。

I am a homemaker.

(homemaker ＝家事に携わる人で、
housewife にとって代わりつつある語)

　この「私は何もの」という表現は、職業が誰の目にも
わかりやすく、具体的に日々何をしている仕事なのかを
言うのが難しいような場合に使います。例えばI am a
doctor.（医者です）は、誰の目にも職業がわかりやすい
ですが、具体的な仕事が多岐にわたるため、I take care
of patients.（患者のお世話をしています）などと言って説明
することが難しい例です。一方、I am a Web designer.
については、I design websites for businesses.（会社向
けのウェブサイトのデザインをしています）と表現したほう
が、情報が多くてわかりやすい。そのような場合には名
詞で表した「肩書」を使わずに、具体的な動作を伝える
ことが適切です。職業が誰の目にもわかりやすく、具体
的に日々何をしている仕事なのかを言うのが難しい別例
はhomemaker（主婦・主夫）です。なお、実際の発話時
には、単にI am a homemaker.（主婦・主夫です）という伝
え方よりも、I enjoy being a homemaker.（主婦業・主夫業を
楽しんでいます）といった文脈のほうが活用価値が高い可
能性があります。
　先の「誰の目にもわかりやすい職業」に加えて、ぼや

かしたい場合に「何かのプロであること」を言っておくのも便利です。I am an English professional.（英語関係の仕事）や I am a law professional.（法律関係の仕事）のように ___professional（～の専門家）とできます。

陥りがちなbe動詞のイマイチな使い方

　日本語は「客観的に表す」特徴がある言葉です。「自分がこう思う」「自分はこうである」よりも「そういうことになっている」と表したいのが日本語の特徴です。対する英語は動作主や主語を基本的には明示します。しかし英語にも、「世の中はそういうものだ」という表現があるのです。それがIt is ____.という描写文です。そのために仮主語It is ____.は日本語にぴったりとはまり、多用しがちです。It is ____.を使うと情報が早く出ないため、相手が首を長くして待っている、という重圧が話し手にかかるものです。英語の初心者になればなるほど、その重圧が会話の緊張感を高めます。できる限り控えるようにしましょう。

仮主語を使ったIt is構文

■あなたの質問に答えるのは難しいです。

It is difficult for me to answer your question.

長い。直接的でない。SVOのほうが短く明快でよい。

→ I cannot answer your question.

3 主語Sとbe動詞で「ある」「いる」を表すSV

自動詞はbe動詞で主語が「ある」「いる」を表す

　be動詞の話を続けます。本章のはじめに主語と動詞だけで骨組みを作るSVをご紹介しました。SVの形には、be動詞を使ったものがあります。主語が「ある」「いる」を表します。シンプルに表現できて便利です。「ある」「いる」の文脈では、「どこに」を修飾として足すことが多くなります。

■日本全国に顧客を有しています。

Our customers are all across Japan.

　主語とbe動詞だけを骨組みとするSVでは、前置詞（P189）を上手く使うことも大切です。acrossで日本の隅々にまでお客様がいることを相手の頭に描かせることができます。

■いつも音楽がそばにあります。

Music is always with me.

前置詞withで「一緒に」いることを表します。

■ここは自然豊かなところです。

Nature is all around us here.

前置詞aroundで「周りを取り囲む様子」を表します。

■そのウイルスはどこにでも存在しています。

The virus is everywhere.

The virus is found everywhere. も受け身での効果的な使い方になります。

■午後3時に貴社に到着しておきます。

We will be at your company at 3:00 pm.

「その場所にいる」という効果的な使い方です。「3時にはそちらに行きます」という場合も、We will be there by 3:00 pm. と表現し、We will go there by 3:00 pm. とは表現しません。着目しているのは「行く」という動作ではなく「3時にそこにいること」であるためです。

4 be動詞で主語の状態を描写するSVC

主語が「どのようである」かを形容詞を使って定義する

SVCのもう一つの用途です。「〜である」という主語の様子を表します。形容詞を効果的に使います。

シンプルな一言からさまざまな描写まで

■大丈夫ですよ。

You are good.

■よくあることです。

This is common.

This happens a lot. よりも簡単

■(依頼を受けて) お引き受けできます。

I am happy to help.

■情報の詰まったプレゼンでした。

The presentation was informative.

良いプレゼンでした。　The presentation was successful.

実りある会議でした。　The meeting was productive.

■弊社の製品は他社と違う。

Our products are different.

■新製品の材料はコストが高い。

The material for the new product is costly.

■今回の顧客クレームはダメージが大きい。

This customer complaint is damaging.

■このプロジェクトは難しい。

This project is challenging.

具体的で豊かな形容詞を活かす

シンプルな表現パターンSVCを上手く使うことで、複

雑な描写になってしまうことを避けられます。名詞と形容詞を使ってコンパクトに表せます。形容詞の中でも描写が具体的なものを選択すれば表現が深まります。

名詞と形容詞でコンパクトに

■日本では40代で結婚する人も多い。

△Many people in Japan get married in their 40s. 複雑

○**Marriage in their 40s is** common in Japan.

【SVCで主語を描写】

■20代で結婚する人はむしろ少ない。

△There are fewer people who get married in their 20s. 複雑

○**Marriage in their 20s is** less common.

【SVCで主語を描写】

描写が具体的な形容詞

■運動することは健康に良い。

✗It is good to take exercise.

△Exercise is good for your health.

○**Exercise is** beneficial to your health. 【具体的な形容詞】

(beneficial = ためになる)

■このテレビ番組はとても面白い。

✗It is fun to watch this TV show.

△Watching this TV show is fun.

○**This TV show is** entertaining.

(entertaining = 大変面白い)

■この場所はインスタグラムに映えます。

△ This place is good for Instagram.

good for Instagram を 1 語で言い表したい。

○ **This place is** instagrammable.

instagrammable（インスタ映えする）は最近使われはじ
めた形容詞。言葉は進化する。

プライベート・ビジネスで色々使える形容詞	
good	良い
You are good.（大丈夫ですよ） I am good.（元気です）	
happy	幸せな
I am happy to help you.（喜んでお引き受けします）	
common	よくある
This is common.（よくあることです）	
costly	費用が高い
This is costly.（これには費用がかかる）	
beneficial	有益な
This project is beneficial.（本プロジェクトは有益です）	
advantageous	利点のある
These products are advantageous.（これらの製品は良い）	
informative	情報に富んだ
The seminar was informative.（セミナーは有益だった）	
productive	生産性のある・実りある
The meeting was productive.（会議は有益だった）	
successful	成功した
The meeting was successful.（会議は成功した）	
different / unique	他と違う / 唯一の
Our products are different/unique.（弊社の製品は他とは違う）	
abundant / plentiful	豊富な / 十分にある
The storage is abundant/plentiful.（収納は十分にある）	

acceptable	許容できる
These changes are acceptable. (変更は許容できる)	
damaging	損傷がある・被害がある
This is damaging. (これはよくない)	
challenging	難しい
This is challenging. (これは難しい)	
responsive	応答がある
The customers are responsive. (顧客の反応がある)	
mindful	配慮がある
The manager is mindful of other people. (部長は他の人のことを考えている)	
treatable/curable	治療できる
The disease is treatable/curable. (その病気は治療できる)	
untreatable/incurable	治療できない
The disease is untreatable/incurable. (その病気は治療できない)	
deadly	致死的な
The disease can be deadly. (その病気は致死的となり得る)	
understandable	理解できる
Their response is understandable. (彼らの反応は理解できる)	
widespread	広まっている
The flu is widespread. (インフルエンザが広まっている)	
refundable	返金可能な
The item is refundable. (この品は返金可能)	
color-coded	色分けしてある
The survey results are color-coded. (アンケートの結果は色分けしてある)	
unavoidable/inevitable	避けられない
Sometimes, last minute changes are unavoidable/inevitable. (直前の変更が避けられない場合もある)	

主語に失敗したときのリカバー表現２選

　形容詞を配置する以外に、be動詞を活かしたリカバー表現２選をここに紹介しておきます。

ビジネス・正式
_____ is as follows.　～は次の通りです。
プライベートやカジュアルな会話
_____ is this.　　　　～はこうです。

■今日のポイントをまとめます。
We now summarize our points today.
主語Ｓ：私たち
動詞Ｖ：まとめる（summarize）
動作の対象：今日のポイント（our points today）

The summary（しまった、主語が失敗）
そんなときも焦って言い直すことをせずに、言ってしまった主語に合う動詞を探します。

The summary is as follows.
The summary is this.

　このようにまずは文を完結させます。そして次に新しい文として、新たに主語の選択に挑戦。その先は焦らずに、詳細をどんどん話していくことができます。

5 be動詞ではない動詞で作るSVC

be動詞ではないSVCを作る動詞

　SVCは「主語の状態」を表すことができるのですが、be動詞の他にもSVCを作れる動詞があります。be動詞よりも「状態」を強調して表せるため、上手く使いこなしたい表現です。例えばstay、remain（～の状態にとどまる）、become（～になる）、look、appear（～に見える）、feel（～のように感じる）、sound（～のように聞こえる）、seem（～のように思える）などです。他にもmeasure（～のサイズである）やweigh（～の重さである）といった動詞があります。be動詞から変更するだけで、より豊かで明快な表現が可能になります。

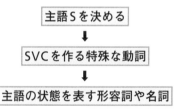

主語Sを決める
↓
SVCを作る特殊な動詞
↓
主語の状態を表す形容詞や名詞

　はじめにbe動詞で表し、次に別の動詞に差し替えます。さまざまな意味を足し、豊かに表現できます。

■皆、安全で健康に過ごせています。

be動詞のSVC

Everyone is safe and healthy.

【stay、remain：〜の状態にとどまる】

Everyone **stays** safe and healthy.

Everyone **remains** safe and healthy.

【become：〜になる】

Everyone **has become** safe and healthy.

【look、appear：〜に見える】

Everyone **looks** safe and healthy.

Everyone **appears** safe and healthy.

【feel：〜のように感じる】

Everyone **is feeling** safe and healthy.

【seem：〜のように思える】

Everyone **seems** safe and healthy.

■状況は変わらないままです。

be動詞のSVC

The situation **is** the same.

The situation **is** unchanged.

↓

【stay、remain】

The situation **stays** the same.

The situation **remains** the same.

The situation stays unchanged.

The situation remains unchanged.

■この企画について、良いと思います。

be動詞のSVC

The plan is good to me.

　　↓

【sound、look、seem】

The plan sounds good to me.

The plan looks good to me.

The plan seems good to me.

■天板の大きさは120cm×80cmです。

be動詞のSVC

The top board is 120 cm by 80 cm in size.

(in size = サイズが)

The size of the top board is 120 cm by 80 cm.

　　↓

【measure】

The top board measures 120 cm by 80 cm.

(measure = 〜のサイズである)

The top board has a size of 120 cm by 80 cm. SVO

(a size of = 〜というサイズ)

■私のスマホは重さ130gの軽量です。

be動詞のSVC

My smartphone is only 130 g in weight.

(in weight = 重さが)

The weight of my smartphone is only 130 g.

↓

【weigh】

My smartphone weighs only 130 g.

(weigh = 〜の重さがある)

My smartphone has a weight of only 130 g. **SVO**

Coffee Break

会話のあいづち Sounds good.

The plan sounds/looks/seems good to me. で「この企画について、よいと思います」を表せるとしました。似た表現にThat sounds good. (いいですね) があり、日常会話でのあいづちに使えます。「いいですね」というあいづちには、I like it. やI like that. (P83) とともに定番の表現で、主語を省略したSounds good! があります。

第4章
組み立てを円滑にする
動詞の決まりごと

時制、態の選択、助動詞ほか

動詞で時制も表す効率的な言葉

　英語は主語Ｓと動詞Ｖの組み立てが土台になることを述べてきました。第１章では主語Ｓの選択にはさまざまな可能性があること、第２章と第３章では、何を主語Ｓに選択しても先へと続けられるように動詞Ｖを練習することの大切さをお伝えしました。英語は動詞Ｖで文の構造を決め、文の結論、つまり言いたいことを伝える言葉です。さて、その動詞部分に「時制」も合わせて表すことで、より厳密に伝えます。対する日本語は、ここでも行間を読ませる言葉で、時制が厳密ではありません。日本語の時制から英語の時制を決めようとすると、「時制がゆるい日本語」→「時制が厳密な英語」への選択が必要になります。日本語の現在・過去・未来に対して、英語は全部で12種類の厳密な時制があり、日本語と英語は必ずしも対応しません。

日本語の時制は「ゆるい」（現在・過去・未来）		英語の時制は「厳密」（12種類の時制）	
現在	「〜である」「〜する」「〜している」	現在形	I do this.
		現在進行形	I am doing this.
過去	「〜した」「〜してきた」「〜していた」	現在完了形	I have done this.
		現在完了進行形	I have been doing this.
		過去形	I did this.
		過去進行形	I was doing this.
		過去完了形	I had done this.

		過去完了進行形	I had been doing this.
未来	「〜だろう」	未来の表現	I will do this.
		未来進行形	I will be doing this.
		未来完了形	I will have done this.
		未来完了進行形	I will have been doing this.

他の未来表現：I expect to do this. / I plan to do this.
I am doing this. / I am going to do this.
未来のことをexpect（〜を期待している）やplan to（〜を予定している）といった動詞の現在形、または現在進行形やbe going toで表すことも可。

細分化した便利な英語の時制

英語の時制が12種類もあるというと難しくて卒倒しそうになるかもしれませんが、恐れることはありません。まず、「以前」と「今」と「この先」の3つに大きく分類します。そこは日本語と同じです。その先は、特に大切な時制を集中的に習得します。詳しく説明します。「以前」「今」「この先」の代表は「過去形」「現在形」「未来の表現will」の3つ。このそれぞれに進行形（_ing）、完了形（have＋過去分詞が基本）、完了進行形があるため、「基本の3つ」＋「それぞれ3種」で、3＋3×3＝12種です。

以前 　　今 　　この先

過去形 ✔✔	現在形 ✔✔	未来の表現will ✔
過去進行形 ✔	現在進行形 ✔	未来進行形
過去完了形	現在完了形 ✔✔	未来完了形
過去完了進行形	現在完了進行形 ✔	未来完了進行形

人は「以前」のことを振り返ったりしながら、「今」を生きているものです。時に「この先」のことを予測したりしながら。そこで、チェック２つ✔✔をつけた時制をまずは使いこなします。加えてチェック１つ✔をつけた時制も理解すると便利です。

■さまざまなフレーバーの紅茶の茶葉を販売しています／販売していました／販売します。

必要な時制３選

✔✔現在形 　　　今日も明日も変わりません。

We sell tea leaves with different flavors.

✔✔現在完了形 　過去も今もそうです。

We have sold tea leaves with different flavors.

✔✔過去形 　　　今は違います。

We sold tea leaves with different flavors.

プラスαの時制４選

✔現在進行形 　今の期間のみ。または近い時期に（例：次週）。

We are now selling tea leaves with different flavors./We are selling tea leaves with different flavors next week.

✔現在完了進行形 　ここ最近ずっと。

We have been selling tea leaves with different flavors.

✔過去進行形 　　（店主が替わった）あの頃はしていた。

We were selling tea leaves with different flavors when the shop owner changed.

✔未来の表現

その準備を進めています。
そうします。

We will sell tea leaves with different flavors.

その準備を進めています。

We are going to sell tea leaves with different flavors.

その予定です。

We plan to sell tea leaves with different flavors.

「以前」は今と切り離された過去

「以前」のグループの時制はいずれも今とは切り離されたことを表す時制です。過去形は時間軸に貼り付いた過去の事象を表し、過去進行形は、過去の時点に行っていた動作を表します。「過去」のことを話題に持ち出す機会は、「今」のことほどは多くありませんので、習得するのは「過去形」だけでもまずは十分です。

「今」の時制を大切に使う

人間生活においては「今」を最も大切にするため、「現在形」と「現在完了形」を理解することが大切です。加えて、動作に焦点があたる「現在進行形」と「現在完了進行形」も使えるようにしておくと便利です。

✔✔現在形：今日も明日も変わらない定常的な様子

✔✔現在完了形：過去から今までの状況を一度に表す便利な時制

　✔現在進行形：今この瞬間の様子、近い時期の様子

　✔現在完了進行形：現在進行形に「幅」を持たせ、現

在完了形に「動き」を持たせた表現。「過去から今まで走ってきた」ような、臨場感の出る表現

「この先」は人間の意志

　最後に、人にとっての「未来」とはその人が「起こり得る」と考えていることです。そこで、未来は「時制」というよりは、人の気持ちや考えを表す「助動詞」の分類。「気持ちを表す助動詞」の中でも、「人の意志」を表すwillを使います（P141）。このように「人の気持ち」に由来するwillと比較してbe going toのほうはbe going

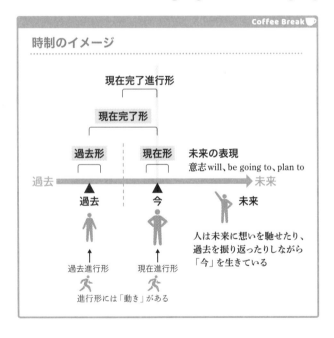

という現在進行形に由来し、「予定」「準備が進行中」を表します。

　なお、先に説明した「現在形」は広く普遍的な事象までをカバーするため、未来のことであっても現在形で表せたり、動詞を plan（予定である）、expect（期待・予測する）と工夫することで現在形で表せたりするケースもあります。

2　時制は「見せ方」
——現在・現在完了・過去・プラス α から選ぼう

時制は「いつ起こったか」よりも「どのように伝えたいか」

　時制を選択するとき、「いつ起こったことなのか」ととらえるのではなく、「どのように伝えたい事象か」という観点でとらえることがおすすめです。動詞が表す動作の時間的な事実は１つです。つまり「いつ起こったことなのか」という事実に着目すると、日本語と同じように「今」「過去」「未来」の３つに分類される。しかしこのように英語にさまざまな時制があるのは、「どのように伝えたいか」を話者が自由に選べるようになっているためです。「今日も明日も変わらない真理」としたければ現在形、「これまでも行ってきて、今も行っている」ことを強調したければ現在完了形、そして「動きのある動作や臨場感」が必要であれば、現在完了進行形を選択します。このように、時制は「見せ方」と理解することで、迷いを減らしながら適切に時制を使えます。

必要な時制3選【現在形・現在完了形・過去形】とプラスαの時制4選【現在進行形・現在完了進行形・過去進行形・未来の表現】を練習しましょう。

現在形で「今日も明日も変化しない真理」として表す

■我々はこの分野の専門家です。

We are professionals in this field.

■当店は繊維製品の輸入販売を行っています。

Our shop imports and sells textile products.

主語と動詞の一致の基本と応用

基本をおさらい

■そのレストランにはテイクアウトがあります。

The restaurant sells takeout meals.

　三人称・単数・現在形（三単現）のsがあることで動詞の位置がわかりやすくなっています。

　主語が複数の場合はThey sell takeout meals. です。

■そのレストランにはテイクアウトと宅配サービスがあります。

The restaurant has takeout and delivery options.
They have takeout and delivery options.

　主語と動詞の一致はhaveとhasのようにsではなく不規則に変化するものがあります。

■そのレストランは遅くまで開いています。

The restaurant is open until late.

They are open until late.

be動詞も主語によって変化します。

応用──主語と動詞の一致に見える話者の気持ち

■家族は皆元気です。

My family are all well.

are（複数）を使っているので、話し手は家族1人1人に焦点を当てています。このように動詞の扱いから話し手の「気持ち」が見えることもあります。

■来月、家族でフロリダに引っ越します。

My family is moving to Florida next month.

is（単数）で家族全体のことを言っています。

現在完了形で「今と関係がある・今も効果を生み出し続けている」を表す

■携帯電話はここ10年で広く普及した。

Mobile phones have become widespread over the past decade.

Mobile phones have seen widespread use over the past decade.

■政府が新たな緊急事態宣言を発令した。

The government has announced a new state of emergency.

新たな緊急事態宣言が出され、それが今も続いている

ことを強調して表す。

■感染拡大の第4波が到来した。

We have entered a fourth wave of the pandemic.

A fourth wave of the pandemic has started.

第4波が到来し、それが今も続いていることを強調して表す。

特に日本語に欠けている英語の時制は「現在完了形」です。今に視点を置いた魅力的な時制ですので、積極的に使いましょう。現在完了形の基本は「過去と今を一度に表す」こと。過去形との違いを理解して使うことが大切です（P134）。

過去形で「時間軸に貼り付く事実」か「もう終わったこと」として表す

■インスタグラムは写真を共有できるアプリとして2010年に使用が開始された。

Instagram started as a photo-sharing app in 2010.

People started using Instagram as a photo-sharing app in 2010.

2010年という時間軸上の時点に貼り付く

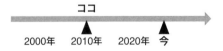

■昨日、年次総会が開催された。

An annual general meeting was held yesterday.

We had an annual general meeting yesterday.

昨日という時間軸上の時点に貼り付く。

■テレビにかつてはブラウン管が使われていたが、今は液
　晶が主流である。

Televisions used cathode-ray tubes (CRTs) but now mostly
use liquid crystal displays (LCDs).

（cathode-ray tubes [CRTs] ＝ブラウン管）

「過去の点」としての時間情報（例：2010年に、昨日、な
ど）と一緒に使えば過去の一時に貼り付いた事実として
表されます。時間情報と一緒に使わない場合には、「今
とは状況が異なる」点が強調されます。

助動詞willや進行するbe going to、be __ingや現在形で「これからの未来」として表す

■5月にオフィスを移転する予定です。

We will relocate our office in May.

We are going to relocate our office in May.

We are relocating our office in May.

We plan to relocate our office in May.

　未来のことは話し手が「起こると思っていること」で
す。そこで、話し手の気持ちを表す助動詞willを使いま

す。また、「それに向かって予定が進んでいる」be going toや、またはplanのような動詞を使って表すことができます。going toを使わずに単なる進行形を使ってbe ___ingとすることも可能です。

現在完了進行形で「幅」と「臨場感」を表す

■昨今では環境に優しい材料を使った化粧品が売れている。

Cosmetics with environmentally friendly ingredients have been selling well.

■この仕事については20年以上のキャリアがあります。

I have been doing this business for more than 20 years.
We have been doing this business for more than 20 years.
Our company has been doing this business for more than 20 years.

現在完了に「動き」（___ing）を足した現在完了進行形は、現在進行形よりも「幅」を持たせた表現です。現在進行形（be ___ing）に似た「臨場感」が時間幅とともに表されます。

現在進行形で「今の瞬間の動作」か「もうすぐ起こる動作」として表す

■営業部は今会議中です。

The sales department is having a meeting at the moment.

■国際宇宙ステーションが地球の周りをまわっている。

The International Space Station is orbiting the Earth.

（orbit ＝ ～の周りを軌道に乗ってまわる）

■新しいプロジェクトをもうすぐ開始します。

We are starting a new project soon.

「be動詞 ＋ ＿＿ing」の現在進行形は「今まさに起こって
いる動作」を表します。文字通り「まさに起こっている」
場合と、「それに向かって自分の中で動いている」つまり
「もうすぐそのことが起こる」の両方が表せます。

過去進行形で過去のある時点に行っていた動作
「そのとき～だった」を表す

■オンライン会議が開始されるというときに、PCのアッ
　プデートが行われていた。

My PC was updating when the online meeting was about
to begin.

（be about to begin ＝ はじまろうとしている）

　過去のある時点の動作に焦点を当てて過去進行形で表
したいとき、話し手の視点は今ではなく過去に置かれて
います。「過去に何か行った・行われた動作や事実があ
り（例：オンライン会議が開始）、さらにその瞬間に～だっ
た（例：PCがアップデート中）」と表します。

会話に「現在完了形」を使っていますか

「日本人学習者の英会話には現在完了形が出てこない」と英語ネイティブが言っているのを耳にしました。筆者自身も、英語ネイティブとの会話で母国語の日本語が頭の中で邪魔をしてつい過去形を使ってしまい、「それで今はどうなの？」と尋ねられたことがあります。過去形を使ったためにコミュニケーションにずれが生じていると実感しました。

時制のずれの例：

自分：**A fourth wave of the pandemic hit** Japan.
　　　（感染拡大の第４波が日本に到来しました）

（hit＝直撃した）

相手：Oh really? We in Mexico **have just entered** a fourth
　　　wave.
　　　（そうなんですね。メキシコではつい最近、第４波に入ったところです。暗示：日本はもう第４波を終えたのですね……）

自分：過去形（hit）ではなく現在完了形（has hit）を使うべきだった。補足の説明追加。
　　　→We are now in the fourth wave. We see many cases reported every day.
　　　（日本も今第４波です。毎日多くの報告があります）

　会話でつい誤ってしまうことはよくありますので、気にする必要はありません。いつでも補足をしてリカバーすること、誤りに気付いて次の会話に活かすことが大切です。

なんとか主語を見つけて能動態で表現してもよい。

受け身が適切な場合

　特別な事情があれば受け身を使います。主に4つの事情があります。

1. 誰が行ったかは重要ではない、または主語の「人」を隠したい

■工場の点検がとり行われました。

An inspection was conducted at the plant.

✗ An inspector conducted an inspection at the plant.

能動態にする必要はない。「人」は重要ではない。

■不適切なデータが使用されていました。

Erroneous data was used.

✗ We used erroneous data.

行為者が目立つ。主語の「人」を隠したい。

2. 無生物を主語にして客観性を増したい

■2ヵ月の間、地元でのウイルス感染クラスターは報告されていません。

No local clusters of virus infections have been reported for two months.

△ We have seen no local clusters of virus infections for two months.

これも可能。しかし、無生物を主語にすることで主観

を出さずに客観性を増したい。

3. 複数の文での視点を同じ主語にそろえたい

> ■事務室にコースのキャンセルの用紙があります。受講生
> が用紙に記入して署名したら、事務室に提出して所長の
> 署名をもらってください。

The form for course cancellation is available at the office. **The form must be completed and signed** by the participant, and then **submitted** to the office for a signature from the director.

（form ＝ 用紙）

主語を form（用紙）にそろえると便利。

4. by以下の動作主をあえて目立たせたい

> ■昨日、営業会議が行われました。今回の会議には、社長
> と各部門の部長も参加しました。

We had a sales meeting yesterday. **The meeting was attended by** the president and the managers.

The meeting was attended by で by 以下の動作主を目立たせることが可能。

主語を変えずに受け身を避ける「裏わざ」

受け身は他動詞（P66）を使う SVO で起こります。主語に動作主を使って能動態へと態を単純変換する以外に、主語はそのままにして受け身を避ける裏わざがあります。他動詞を使わない組み立ての SV と SVC を活かす方法です。自動詞を活用した SV と形容詞＿＿able を使った

SVC を使います。

裏わざ1　自動詞を活用

■人と人との間に距離をとらなければならない。

We must be distanced from other people.　　　　　受け身

→We must distance from other people. 自動詞を活かした能動態

distance =「距離をとる」は自動詞と他動詞の両用。
自動詞を活かす。

裏わざ2　形容詞＿＿ableを活用

■このスーツは家で洗濯できる。

The suit can be washed at home.　　　　　　　　受け身

→The suit is washable at home.　　　形容詞を活かした能動態

■パスワードが弱いと推測されることがある。

Weak passwords can be guessed.　　　　　　　　受け身

Weak passwords can be identified.　　　　　　　受け身

→Weak passwords are guessable.　　形容詞を活かした能動態

Weak passwords are identifiable.　　形容詞を活かした能動態

　形容詞＿＿ableは、ableが「能力」を表し、特に「人
の能力」に由来する表現のため、「人が～できる」とい
う意味になります。主語に対する受け身の意味が込めら
れています。

動詞や熟語は随時生まれる

　言葉は人が便利に使うものですから、時とともに変わります。ですからネイティブ・非ネイティブ問わず、言葉をアップデートする必要があります。筆者が目にした面白い動詞の使用はsocial distance（社会的距離）。2020年から2021年のパンデミックの年に多く使われるようになった「社会的距離」social distanceという言葉は、名詞で使うとYou must keep a social distance from other people.となります。このときdistanceは例えば1.5メートルなどと「値」を想定しているのでaを使って数えます（P172）。一方、social distanceを動名詞でsocial distancingとすると、You must practice social distancing from other people.などと表現。このときはdistance＝「距離をとる」という動詞を名詞の形に変えた動名詞のためsocial distancing「社会的距離をとること」。不可算です。

　次に面白いのが、distanceを動詞で使う表現です。2021年はYou must social distance.という動詞が多く使われました。social distanceで「社会的距離を（他人との間に）とる」という自動詞表現です。本来はYou must socially distance from other people.などとsociallyという副詞を使って表現するのが通常の文法であるはずですが、2021年に脚光を浴びて使われるうちに定着した自動詞表現です。2つの単語social distanceをまとめて自動詞として働かせる表現がシンプルで面白いと思いました。

4 動詞に気持ちを加える助動詞の活用

基本の意味を理解し、意味の広がりを確認する

　動詞を適切に選んで力強く直接的に表現するコツをお伝えしてきました。一方で、力強く直接的に表すのではなく、動詞が言い切る事実に「ぼやかし」を加えたいときには、「気持ち」を加える助動詞を使うことができます。各助動詞の基本の意味を理解し、その基本の意味を軸にして、助動詞が文脈によって色々な姿を見せることを理解すると便利です。

確信の度合い「〜は〜するだろう」

　「〜が〜をする」といった通常の文（いわゆる平叙文）に助動詞を足すときは「確信」または「義務」の度合いを加えます。

助動詞	基本の意味	広がり
may	許容	可能性・許可
can	可能	能力・可能性・許可
should	推奨	必然に基づく推量・推奨
will	意志	推定・習性
must	必然	義務・確信ある推定

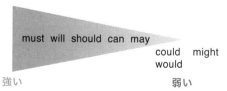

must will should can may

could　　might
would

強い　　　　　　　　　　弱い

助動詞の過去形could、might、wouldは「仮定法」として表します。つまり「条件が異なれば」というニュアンスが生じます。mightはもとのmayが確信の度合いが低い助動詞のため、過去形になっても引き続きmayと似た意味でさらに低い可能性「〜かもしれない」を表します。一方、wouldやcouldはwillやcanと比較して「条件が異なれば〜となるのに」や「〜となっていたはずなのに」といった仮定法独特の意味が強く出ます。使用には注意が必要です。

■弊社の新サービスを利用すれば、メンテナンスのコストが下がります。

【言い切り表現】

Our new service cuts the maintenance cost.
そうです（＝そういうものだ）。

【さまざまな助動詞】

Our new service will cut the maintenance cost.
絶対にそうなる（だから弊社の新サービスを利用してください）。
Our new service must cut the maintenance cost.
そうなると我々は強く信じている。
Our new service should cut the maintenance cost.
そうなるでしょう。
Our new service can cut the maintenance cost.
そうなり得る。
Our new service may cut the maintenance cost.

そうなる可能性もある。

【助動詞の過去形】

Our new service could cut the maintenance cost.
そうなり得るでしょうに（条件がそろえば）。
Our new service would cut the maintenance cost.
そうなるでしょうに（条件がそろえば）。
Our new service might cut the maintenance cost.
そうなる可能性が少しある。

義務の度合い「〜は〜するべきだ」

　mustとshall（書き言葉）は同等に強い義務を表しますが、mustが主観が強いのに対して、shallは客観的な義務を表し、書き言葉として法律文書で使用します。have toは状況による義務（主に話し言葉で使用）、need toは話者の主観を表します。義務を表す動詞との比較として、requireは客観的に課される義務でmustやshallと同等の強さとなります。request（要請する）、recommend（推

```
must          should
shall（契約書といった法律文書）
```

    have to（状況）
    need to（主観）
  be required to（＝must、shall）
      be requested to（要請）
          be recommended to（＝should）

強い　　　　　　　　　　　弱い

奨する）の順に課される義務は弱くなります。should は強
い推奨を表し、recommend と同等です。

■従業員は皆、公共交通で通勤しなければならない。

【言い切り表現】

All employees use public transportation.
そうしています（今日も明日も変わらず）。

【さまざまな助動詞】

All employees must use public transportation.
そうしてもらわないと困ります。
All employees shall use public transportation.
そうする義務がある（取り決め・規則・書き言葉で）。
All employees should use public transportation.
そうしたほうがよい。

【他の表現とのニュアンス比較】

All employees have to use public transportation.
そうしなければならない状況。
All employees need to use public transportation.
（人の気持ちとして）その必要がある。
All employees are required to use public transportation.
そうする義務がある（取り決め）。
All employees are requested to use public transportation.
そうすることが要請される。
All employees are recommended to use public

transportation.

そうしたほうがよい。

　助動詞が表す「気持ち」をご紹介しました。助動詞は
いつも話し手、つまり英文を組み立てる人の気持ちを、
主語が行う動作である動詞に加えます。I think ___.（私
は思う）や It seems to me that ___.（私には〜に思える）の
代わりに助動詞を使って It can ___.（それは起こり得ると思
う）、It may ___.（多分起こるだろうね）、It will ___.（絶対あり
得るね）、It could ___.（そうなる可能性があり得る）などと自
由に確信の度合いを表せるのです。また、It is important
for ___ to ___.（〜が〜することは重要だ）と表現する代わり
に助動詞を使って、We must ___.（〜するべきだ）や We
should ___.（〜したほうがよい）、または動詞を使って We
are required to ___.（〜するよう要請されている）などと義
務も自由に表現できるように練習してみましょう。

助動詞の練習

**■ネットバンキングの利用者はパスワードを頻繁に変
えてください。**

Online banking users (　) change passwords frequently.

【例】must を入れると「絶対変えてください」のニュア
ンス、should なら「変えることが推奨される」、shall は
「変える規則になっている」という書き言葉での表現。

■ネットバンキングの利用者はパスワードを変えるこ
とが多いと思います。

Online banking users (　) change passwords frequently.

【例】will そういうものだ／can 変えてもよい／may 変
えるだろう／would 通常の銀行ではそうでないかもし
れないが、ネットバンキングなら変えるはずだ。

助動詞を使った疑問文、例えば、Can you___? や Could you___? で「〜して
くれませんか」と依頼を求める、あるいは、Can I___? や May I ___? で「〜
してもよいですか」といった許可を求める、そうした疑問文については、
第5章で扱います。

5　肯定文で動詞まわりをスッキリ表現

　日本語は「〜がない」「〜しない」を表すのに「ない」
という否定文が問題なく使われています。対する英語は
否定文よりも肯定文を好みます。否定の内容であって
も、not の否定文をできるだけ使わずに組み立てます。
方法は主に3つあります。

1. no や never を使う

【動作の対象（目的語）や主語に no を使う】

■この本には悪いレビューがついていない。

○**The book has received** no negative reviews.

△The book has not received any negative reviews.

■このことについての情報を持ち合わせていません。

○**We have** no information on this.

△We don't have any information on this.

■利用可能なソフトウェアの更新はありません。

○**No software updates are** available.

△Software updates are not available.

△There aren't any software updates available.

【notを使いたくなる部分にneverを使う】

■部長が社員のメールに返信をしてくれません。

○**The manager never responds** to employees' emails.

△The manager does not respond to employees' emails.

■新しい言葉を学ぶことは、素早く簡単にというわけには
いきません。

○**Learning a new language is** never easy or quick.

△Learning a new language is not easy or quick.

2. 反対語を使う

【形容詞の反対語】

■安全でないウェブサイトもあります。

○**Some websites are** unsafe.

△Some websites are not safe.

■自然災害は避けられないものであり、コントロールでき
ません。

○**Natural disasters are** unavoidable and uncontrollable.

△Natural disasters cannot be avoided or controlled.

■お客様のクレジットカードでは支払いができないようです。

○**We are** unable to charge your credit card.

△We are not able to charge your credit card.

形容詞・動詞の反対語リスト

【動詞】

● misunderstand / understand

例文：We misunderstand/understand each other.

互いに誤解／理解している。

● unpack / pack

例文：We must unpack/pack the DVDs.

DVDを開梱しなければならない／を梱包しなければならない。

● disable / enable

例文：Instagram has disabled/enabled my account.

インスタグラムのアカウントが無効／有効になった。

● disrespect / respect

例文：I disrespected/respected you.

あなたを軽視／尊敬していた。

【形容詞】

● unsatisfactory / satisfactory

例文：The sales figures are unsatisfactory/satisfactory.

売り上げは十分でない／十分である。

- **unnecessary / necessary**

  例文：Working overtime is unnecessary/necessary.

  残業は不要／必要である。

- **untreatable / treatable**

  例文：Pain is untreatable/treatable with drugs.

  痛みは薬で治療できない／できる。

- **unclear / clear**

  例文：The issue is unclear/clear.

  問題は明らかでない／明らかだ。

- **unpreventable / preventable**

  例文：Sun damage is unpreventable/preventable.

  日焼けのダメージは防げない／防げる。

- **unbreakable / breakable**

  例文：The password is unbreakable/breakable.

  このパスワードは解読されない／解読される。

- **unexplainable / explainable**

  例文：The situation is unexplainable/explainable.

  この状況は説明がつかない／説明できる。

【過去分詞の形容詞】

- **unaffected / affected**

  例文：Traffic remains unaffected/affected.

  交通には今のところ影響が出ていない／まだ影響が出ている。

- **unvaccinated / vaccinated**

  例文：Most of the population are unvaccinated/vaccinated.

  人口の多くがワクチン未接種／接種済みだ。

- **unlimited / limited**

  例文：Buyers have unlimited/limited information and options.

買い手には、無限の情報と選択肢がある／限られた情報と
選択肢しかない。

【動詞・過去分詞の形容詞の反対語】

■今回の提案書に100%賛成はできません。

〇 I **partly disagree** with the proposal.

△ I partly do not agree with the proposal.

(partly＝一部)

■Wi-Fiが接続できていません。

〇 **Wi-Fi is** disconnected.

△ Wi-Fi is not connected./Wi-Fi is not working.

■ワクチン接種を受けていない子供たちは、室内でマスク
を着用しなければなりません。

〇 **Children who are unvaccinated must wear** face masks
indoors.

△ Children who are not vaccinated must wear face masks
indoors./Children who have not received vaccinations must
wear face masks indoors.

(indoors＝室内で)

3. 発想をポジティブに変える

■毎日している体操が2日間できなかった。

〇 I **skipped** the daily workout for two days.

△ I didn't do the daily workout for two days.

■ イノベーションがなければ、今日の市場で会社が生き残ることはできない。

○ **Companies must be** innovative to survive today.

○ **No company can survive** today without being innovative.

（「1. no や never を使う」も可）

△ Companies cannot survive today if they are not innovative.

■ サプライヤAの商品を使用しなくなりました。

○ **We stopped** using supplier A's products.

○ **We discontinued** use of supplier A's products.

△ We do not use supplier A's products anymore.

Coffee Break ☕

肯定表現の練習

「予測できない」という否定的な内容を肯定表現にしてください。

■ 市場の動向は予想できない。

We cannot predict the market.　┐　neverを使う
The market is not predictable.　├ not文 → 反対語を使う
Predicting the market is not easy.　┘　発想を変える

○ **We can never predict** the market.

○ **The market is** unpredictable.

○ **Predicting the market is** challenging.

肯定で表現すると動詞まわりが簡潔になり、主語と動詞の組み立てが生き生きします。notを使わない分、組み立ての複雑さは減り、誤る可能性も減ります。発音も楽になります。

6 具体的な動詞を選ぼう

　　主語Sと動詞Vを選んで組み立てるシンプルな英語では、動詞が文の決め手となります。平易な動詞[*3]を選びたい一方で、できるだけ具体的で効果的な動詞を選びます。「具体的な動詞」とは1つの意味に定まる動詞です。例えばmakeやtakeは簡単ですが、意味が広いため、一緒に使う単語によって意味が変わったり（例：make use ofで「〜を利用する」、make way forで「〜に道を譲る」）、またはそれ単体では状況が具体的に表しにくくなったりすることがあります（例：It takes ___.のtakeの意味「必要とする」がわかりにくい）。また、本来使いたい他の動詞を隠してしまうこともあります（先のmake use ofではuseが本来の動詞）。「効果的な動詞」とは、力強く表現できるビジネスにも適した動詞です。例えばtry（試す）よりもaim（目指す）、give（与える）よりもdeliver（提供する）は力強い印象を与えます。

＊脚注3：「平易な動詞」とは第2章でとりあげたhaveやneed、see、findのような類の動詞です。これらの動詞は「平易」でありながら1つの意味を定めるため、同時に「具体的な動詞」という条件も満たしています。

また、「具体的」で「効果的」な動詞を選ぶことは、イディオム（群動詞）を避けて1語で表現することでもあります。イディオムは目にしたり聞いたりしたときに理解できたほうがよいですが、自分で話すときには使用を控えても問題ありません。動詞1語を使うことで組み立てが平易になり、発音の速度にも余裕が生まれます。

動詞1語で表す

【make clear→clarify（明確にする）】

■アンケートにより、出席者からの疑問点が明らかになった。

The questionnaire **makes clear** the questions raised by the attendees.

→**The questionnaire clarifies** the questions raised by the attendees.

（questionnaire＝アンケート）

【go through（経験する）→survive（生き延びる）】

■弊社は経済不況に耐えることができ、難しい時期にも成長を続けることができました。

Our company **went through** the economic downturn and continued to grow throughout the challenging years.

→**Our company survived** the economic downturn and continued to grow throughout the challenging years.

【bring great changes to→greatly change(大きく変える)
→innovate (革新する)】

■ストリーミングサービスによって、音楽の利用形態が大
きく変わった。

Streaming services have brought great changes to the
way we access music.

→Streaming services have greatly changed the way we
access music.

→Streaming services have innovated the way we access
music.

(access＝～にアクセスする)

【hand in→submit (提出する)】

■毎週金曜日に週報を部長に提出することになっています。

I hand in a weekly report to the manager every Friday.

→I submit a weekly report to the manager every Friday.

ビジネスに最適な効果的な動詞を選ぶ

【make (作る) →build (構築する)、take (要する) →require
(必要とする)】

■職場での良好な関係を作るためには、さまざまな思考を
受け入れることが大切です。

Making good work relationships takes being open to
different ideas.

→Building good work relationships requires being open to
different ideas.

（be open to ＝～を受け入れる）

【try to → aim to（～することを目指す）】

■お客様に喜んでもらうとともに高品質サービスを提供するように努めています。

We try to please our clients and guarantee high-quality services.

→**We aim to** please our clients and guarantee high-quality services.

【make efforts to（～するべく努力する）→ focus on（着目する）】

■弊社では、最良のユーザ体験を提供することに尽力してきました。

Our company has made efforts to offer the best user experience possible.

→**Our company has focused on** offering the best user experience possible.

【give（与える）→ deliver（届ける）】

■他社とは異なるサプライヤーとして、顧客に効果的なソリューションをお届けしてまいります。

We, the unique supplier, give effective solutions to our customers.

→**We, the unique supplier, deliver** effective solutions to our customers.

【speak about(話す) → share(共有する) → stress(強調する)】

■昨日のセミナー講師は在宅勤務のメリットについて話しました。

The lecturer at the seminar yesterday spoke about the advantages of teleworking.

→The lecturer at the seminar yesterday shared the advantages of teleworking.

→The lecturer at the seminar yesterday stressed the advantages of teleworking.

【talk about + again(再び話す) → discuss + again(再び議論する) → revisit(再検討する)】

■この話題については次の会議で再度検討しましょう。

Let's talk about this topic again at the next meeting.

→Let's discuss this topic again at the next meeting.

→Let's revisit this topic at the next meeting.

7　主語から文を開始してスムーズに動詞へ

　英文の基本形は「主語」から文を開始します。はじめに主語を選んで視点を定めます。つまり、In ___ やWhen ___ といった主語ではない単語から開始する文も存在していますが、基本的には I やWe、物や動作や概念といった主語（P42〜44の表参照）となる単語から文を開始します。対する日本語は主語から文を開始しない場合が多々あります。主語がない場合も多くあります。日

本語には主語ではなく「主題」＝「その文の中で話者が話題の中心として伝えたいもの」という考え方もあるため、英語の主語と対応しません。

　主語を探し、主語から英文を開始するための6つのコツをご紹介します。

1. 日本語「〜においては」や「〜により」は英語の主語

■グローバル企業においては、ダイバーシティーが重要視されている。ダイバーシティーによってイノベーションがもたらされるためである。

In global businesses, diversity is valued highly, because innovation can be brought from diversity.

→**Global businesses value** diversity. **Diversity inspires** innovation.

（value ＝重要視する　inspire ＝引き起こす）

　日本語から置きかえようとすると主語から文を開始できなくなり、組み立てが複雑になります。

2.「大きい概念」を主語にする

■当グループの工場は、マレーシアとベトナムにもある。

The factories in the group are also in Malaysia and Vietnam.

→**The group also has** factories in Malaysia and Vietnam.

　登場する複数の名詞から、大きい概念を探して主語に使います。「当グループの工場」の中で大きいのは「当

グループ」。

3. 前置詞句が飛び出すのを控えて文中に情報をおさめる

■大きな荷物をご注文いただいたお客様には、お届けに若干の遅れが生じる場合があります。

For customers who ordered large packages, slight delays may happen in their deliveries.

→**Customers ordering large packages may experience** slight delays in their deliveries.　　　　　　　　　　　人が主語

→**The deliveries of large packages may involve** slight delays.

無生物が主語

　前置詞を使った句を前に置くと強調して表されます（P163）。強調を望まない場合には、文の中に情報を収めて句が飛び出ないようにします。

4.「複文構造」のサブの部分を後ろに回す

■ガイドラインが緩和されたら、ウェブ上の情報をそれに合わせて改定します。

If the guidelines are relaxed, we will update our website accordingly.

→**We will update** our website accordingly if the guidelines are relaxed.

（relax = 緩和する）

　英語では複文構造のメインではなくサブの部分は基本的には後ろに配置します。強調して表したい場合にのみ前に置きます。対する日本語は複文構造のサブの部分が

必ず前にくるので、それに合わせてIfやWhen___ が前
に出てしまいます。

5. There is/areを使いたくてもカットする

■ここには多くの面白そうなワークショップがある。

There are many interesting workshops here.

→**Many interesting workshops are** available here.

→**This place hosts** many interesting workshops.

(host＝主催する)

→**Many interesting workshops are held** here.

→**We can attend** many interesting workshops here.

→**We see** many interesting workshops here.

6. It is ___ for ___構文からなんとか主語を探す

■TOEIC900点以上を取ることが、今私にとっては重要
なのです。

It is important for me now to get a TOEIC score above 900.

→**I now need** a TOEIC score above 900.

It is ___ for ___構文をやめてシンプルに一言目を組
み立てられたら、続けて自由に言いたいことを加えるこ
とができます。日本語のとおりに「重要」と言いたい場
合にも、次の文として続けることができます。

I now need a TOEIC score above 900.

TOEIC900点以上が今どうしても欲しいんです。

This is important for me.

そのことが私には重要なのです。

I need the score for my promotion.

昇進に要るので。

Our company requires this.

職場でのルールなのです。

（require と need の違いは P76）

主語から開始を練習

　長めの文も、一つ一つ、主語から開始して短く組み立てましょう。

> テレビ業界においては、さまざまな脅威が見られる。オンデマンドのコンテンツサービスが多く存在し、また、YouTubeがテレビに置きかわってしまうというおそれもある。

主語から開始できない文：In the TV industry, various threats are seen. There are many on-demand content services, and there is also a fear in the industry that YouTube videos can replace TV programs.

（replace ＝〜と置きかわる）

→ **The TV industry has seen** various threats. **Many on-demand content services are** now available. **YouTube videos may replace** TV programs.

別の主語も可能

　2文目：We now have many on-demand content services./We can now use many on-demand content

160

services.

　3文目：The industry also fears that YouTube videos may replace TV programs. 　　　　　　　（fear＝〜を恐れる）

8　単文で表す——主語と動詞は1組

　条件や状態を表すとき、日本語では「〜すると〜です」「〜のとき、〜です」のように複文の構造で表現します。そのような日本語を英語に変換しようとすると、英語も複文構造となってしまい、主語と動詞が2組登場する文になります。ところが英語では、単文、つまり主語と動詞1組で条件や状態を表す方法があります。方法は主に2つ。1つ目は、主語を工夫して「〜することは〜です」や「〜することが〜を〜する」と組み立てること。2つ目は前置詞を使った短い句で「〜の場合は」や「〜（場所）では」を表すこと（P163）です。

主語を工夫して「〜することは〜です」や「〜することが〜を〜する」と組み立てる

　「〜すること」を主語にしてなぜ条件や状態を表せるかを理解するためには、英語の「冠詞の存在」の理解が関係してきます。英語には定冠詞theがあり、「そこにあるもの」「皆が知っているもの」「すでに起こっていること」を表します（P172）。英語のtheは「あなた、これ知っていますよね」や「あれを知っているでしょう」と相手に確認しているのです。逆に言うと、theを使わない

ということは、「あなたは知らないでしょうけれど、このようなものが仮にあった場合に」や「状況が異なるのですが、もしこのような状況が生じた場合には」を表します。そこで、「theを使わない表現」、つまりa/an（数える場合や単数の場合）を使用した名詞や無冠詞（複数の場合や数えない場合）の名詞を主語に使うことで、「〜したとすれば」という条件を表すことができるのです。

■意思決定が遅れると、企業はチャンスを逃す可能性がある。

A delay in decision making can cause businesses to lose opportunities.

= If a delay occurs in decision making, businesses can lose opportunities.

■パソコンを使い過ぎると目が悪くなる。

Too much computer use can damage your eyes.

= If you use your computer too much, your eyes can be damaged.

■ネットフリックス（大手コンテンツサービス）に新規加入すれば、標準コースが月額9.99ドルです。

New subscribers to the major content platform, Netflix, can buy a standard package at $9.99 per month.

= If you newly subscribe to the major content platform, Netflix, you can buy a standard package at $9.99 per month.

「〜の場合は」や「〜（場所）では」を前置詞の短い句で前に出す

　英語はできるだけ主語から開始する平易な構造を好む言葉とお伝えしてきました（P156）。あえて前置詞句を前に出すと、その内容を条件として強調して表したり、状態として先に伝えたりできます。前置詞の種類は、続ける名詞の意味に応じて決めます（前置は P189）。

【前置詞 for】

■健康な生活を送りたければ、十分な野菜と果実、バランスの取れた脂質を取るのがよいでしょう。

For your health, **you should take** enough vegetables and fruits and balanced fat.

= If you wish to live a healthy life, you should take enough vegetables and fruits and balanced fat.

■参加者がログインできない場合であっても、イベント終了後にスピーチの録画とパワーポイント資料をご提供します。

For attendees with problems logging in, **the recording and the PowerPoint presentation file will be available** after the event.

= Even if attendees have problems logging in, the recording and the PowerPoint presentation file will be available after the event.

【前置詞at】

■自宅や会社でスマホを使って検索するときには、Wi-Fi
に接続するとよいでしょう。

At home or at work, **you may connect** to a Wi-Fi network to
browse the Internet on your smartphone.
= When you browse the Internet on your smartphone at
home or at work, you may connect to a Wi-Fi network.

【前置詞under】

■直射日光に当たると、携帯電話が過度に熱くなることが
あります。

Under direct sunlight, **your mobile phone can overheat.**
= If your mobile phone is left under direct sunlight, it can
be overheated.

（overheat＝極度に熱くなる）

9　主語を略した特殊な文とは

　英語の組み立てには主語Ｓと動詞Ｖが必要とお話しし
ました。英語では通常は主語を省略することができませ
ん。一方で、主語がない文の組み立てとして「命令文」
をご存じの方も多いでしょう。言葉に変則や例外が生じ
るときには「命令文は例外的に主語がないと覚えてお
く」とせずに理由を自分なりに考えてみることをおすす
めします。英語は人と人が意思疎通するための道具で
す。人にとって便利なように作られ、変化するもので

す。変則や例外に隠された「理由」を考えることは難しくありません。

命令文は主語「あなた」が主役

　目の前の相手に向かって「動作を促す」ときに使うのが命令文です。「命令」というと厳しく聞こえますが、「これをお願いします」や「してください」などと動作を促す文章です。否定の命令文も存在し、「これをしないで」と動作を止めることを促します。動作を促す相手はいつも「目の前のあなた」。だから、命令文の主語はいつも you =「あなた」です。You do this.（あなた、これをしてください）という文から、主語がいつも同じなので削除して Do this. と表現したのが命令文です。否定する場合にも、主語 you に対応する do not を使い Do not do this. または Never do this.（P146）と表現します。

「命令文」と「普通の文＋助動詞」の関係を理解しておくと便利です。命令文に主語を戻すと You do this. ですが、「あなたはこれをします」と他人の動作を決めることは難しい。そのため「これをしなさい」と強い口調となってしまうため、話し手の「気持ち」を表す助動詞を使うのです。You should do this.（これをしたほうがよいです）や You may do this.（これをするのもよいです）。さらには相手の気持ちになって「あなたは〜をしたいと思っているかも」として You may want to do this. や You might want to do this. も「これをしたらどうですか」というおすすめの表現となります。これらであれば You を主語に

しても問題ありません。またさらにはCan you do this?と疑問文にすれば「これ、できる？」＝「これをしてくれる」という依頼文になります。さらにはCould you do this?で「もしかしてお願いできますか」と相手に配慮したり、Can you do this for me?で「私のためにお願いできる？」と丁寧さを増して依頼することができます（P200）。また別の表現として命令文にLet's（〜しましょう）を加えてLet's do this.で「これをしましょう」と呼びかけます。このように一連の類似の意味を表す文法事項をまとめて理解することがおすすめです。

さて、「命令文」と「助動詞を使った普通の文」を組み立てます。

■会社のSNSアカウントには強いパスワードを使ってください。

Use a strong password for the company's social media account.（命令文）

You should use a strong password for the company's social media account.（普通の文＋助動詞）

■会場でノートパソコンを放置することがないようにしてください。

Do not leave your laptop computer unattended in an event room./Never leave your laptop computer unattended in an event room.（命令文）

否定の命令文はDo notまたはNeverで開始。

You must not leave your laptop computer unattended in an event room.（普通の文＋助動詞）

（unattended ＝ 放置された状態にする）

■会議室はエアコンが効いているので、長袖の服を着たほうがよいです。

Wear long-sleeved clothing in the air-conditioned meeting room.（命令文・pleaseなし）

You should wear long-sleeved clothing in the air-conditioned meeting room.（助動詞should：〜したほうがよい）

You must wear long-sleeved clothing in the air-conditioned meeting room.（助動詞must：絶対にしてください）

You may wear long-sleeved clothing in the air-conditioned meeting room.（助動詞may：してもよい）

You may want to wear long-sleeved clothing in the air-conditioned meeting room.（助動詞may + want to：したほうがよいかもしれません）

pleaseの基本は「促す」

「どうぞ」を意味する単語pleaseは、命令文の前や後ろにおいて動作を促します。声のトーンによっては「早くしてくださいね」や「やりなさいね」といった響きになることがあります。「pleaseは丁寧」という覚え方をするよりも、「動作をさらに促す（＝〜してくださいね）」と理解するほうが上手く使えるでしょう。また、話すときに文の後ろにpleaseを置くと、促す意味が強く出るた

めに注意が必要です。

動作を促す please

Please use a strong password for the company's social media account.

> 会社のSNSアカウントには強いパスワードを使ってください ね。

後ろに置くと強く促して念を押す。

Use a strong password for the company's social media account, **please**.

> 会社のSNSアカウントには強いパスワードを使ってください。必ず。

Tell me about ___ の命令文で会話をはずませよう

　英語で会話をする際、自分の話をすることに加えて、相手の話もうまく引き出したいものです。興味のある話題が出てきたら、命令文Tell me more!（もっと聞かせて）と促してみましょう。

　Tell me more about ___.～についてもっと聞かせて。このときはpleaseがなくても大丈夫。「あなたの話に興味があります」という友好的な表情とアイコンタクトでTell me more!（それから、それから？）と聞いてみてください。相手との距離が縮まり、面白い話が聞けることでしょう。

命令文の主語が「あなた」と理解するとこんなときに便利

■注文する前に個人情報を必ず更新してください。

Make sure to update your personal information before placing your order.

= Make sure to update your personal information before you place your order.

（make sure to ＝ 必ず～してください）

「注文する前に」といった複文構造、つまり接続詞beforeを使った主語と動詞が2組ある文の場合には、主語がそろっているときに限って一方（サブの部分）の主語を省略できます。主語を省略し、動詞は分詞に変えるという決まりがあります。命令文の主語は「あなた」と理解しておくと、メインの部分とサブの部分の主語がそろっていることがわかり、この省略型が正しく使えます。

Thank youはIが省略

命令文の主語「あなた」は目の前の人にいつも動作を促すために「わかっている」から省く主語でした。もう一つ、主語を省く身近な例を私たちは使っています。それはThank you.（ありがとう）です。感謝の気持ちというのは、なかなか他人の心を代弁して言うことはできず、基本的には自分の心から生まれる。そこで、主語Iを使ったI thank you.が多い。そこで、Iはわかっているから省いているのがThank you.です。なお、組織としてお礼を言いたい場合にはWe thank you.やWe all thank you for your efforts.（あなたのご尽力に私どもは感謝

しています）と主語を使います。また、I cannot thank you enough.（どれだけ感謝してもしきれない＝深いお礼を表す定番表現）といった表現もあります。また、「お礼を言ってください」というような文脈の場合、例えばプレゼンテーションの締めくくりに「発表者に今一度感謝を」といった場合には Let's thank the presenter for his / her wonderful presentation. と命令文に Let's（～しましょう）を足して表現できます。普段何気なく使っている Thank you. であっても、主語が I（私）であることを理解すれば、他の表現へと理解を広げることができます。

Excuse us. も理解して使ってみよう

　動詞 excuse＝「許す」を使って「私を許して」の意味で「すみません」を表す定番の表現 Excuse me. も命令文。これには Excuse us.（私たちを許して）も存在しています。自分１人で誰かの横を通るときには Excuse me.（私を許して＝すみません）ですが、例えば友達同士や家族数名で誰かの横を通るときには Excuse us.（私たちを許して＝すみません）と言います。実際、ネイティブは Excuse us. をよく使います。英文法を理解してアレンジできる「やわらかさ」が身に付けば、中学校で学んだ英語の基礎知識を活用してどんどん英語力を伸ばしていくことができます。

第5章
組み立てを強化する
お助けアイテム

冠詞、前置詞、副詞ほか

1 名詞の数と冠詞で的確に伝えられる

　主語と動詞を大切にした英文の組み立ての土台ができあがれば、次は細部にも気を配ることでさらに明確に考えを伝えられます。主語ほかに使う「名詞」の扱いについて説明します。

　「名詞」とは、物の名前や動作、抽象概念などで、英語の世界観と日本語の世界観が大きく異なります。英語の世界では、名詞はいつでも「数」と「冠詞」を決めなければなりません。この2つが異なる軸として交わりながら名詞の姿を決めます。具体的には、その名詞が「区切りあるものとして数えるのか」、そして数えるなら「1つか2つ以上か」という「数」と、その名詞が「相手にわかるものであるか」、つまり定冠詞theかどうかという「冠詞」の判断があります。冠詞には、1つのときに使うa/anもありますが、こちらは数の判断に関連します。数を適切に決めていれば、a/anは形式的に選べます。

　「数」と「冠詞」の判断にはおすすめの3つの判断ステップがあります。

> ステップ1：theかどうか
> ステップ2：数えるかどうか
> ステップ3：数える場合に単数か複数か

　判断ステップを詳しく説明する（P178）前に、英語の名詞の世界観を見ていきます。名詞の「数」と「冠詞」を話し手が無意識に判断できる場合もあれば、表したい内容と相手への伝わりやすさに応じて、意識的な選択が

必要な場合があります。

　例えば「午後に会議がある」と言いたいとき、We have a meeting in the afternoon.の「会議」の数と冠詞は比較的容易に決められます。会議は１つ。どのような会議かを相手が知らない場面ではthe meetingではなくa meetingとする。表したい内容がこのようにはっきりと決まっていれば、無意識に名詞の「数」と「冠詞」を選ぶことができます。なお、「会議」を表すmeetingは「はじまりとおわり」という区切りがあるため、必ず数えます。冠詞をなにも使わずにWe have meeting in the afternoon.とはできません。また、「異なるいくつかの会議がある」ときにはWe have meetings in the afternoon.で、「以前より企画していたあの会議がある」はWe have the meeting in the afternoon.です。名詞（meeting）の数と冠詞の選択は比較的容易です。

英語の世界の「数」と「冠詞」の使い分け

　一方で、可算・不可算を話し手がそのつど選んで使う名詞もあります。「速度」を表すspeedの扱いをご覧ください。文脈に応じて色々な姿を見せます。

When the accident happened, the car was traveling at **high speed**.[1] The car was traveling at **a speed**[2] of 120 km per hour. **The speeding**[3] caused the accident. Many drivers on this road exceed **the speed limit**[4] of 80 km per hour and drive at **higher speeds**.[5] **Speeding** [6] is never acceptable on any roads.

（speeding＝スピードオーバー、スピード違反）

事故が起こったとき、車は高速[1]で走行していました。車は時速120キロの速度[2]で走行していたのです。スピードオーバー[3]が事故の原因でした。この道路では時速80キロの法定速度[4]を超える速度[5]で走行する運転手が多くいます。スピードオーバー[6]はどんな道路でも許されることではありません。

[1]「高速」は概念。輪郭や区切りを感じることがないため不可算を選んで無冠詞。

[2]「時速120キロ」で具体的な値が出るため、区切りがあり数える。at a speed ofで「今から1つの具体的な値を言います」と相手に予告。

[3]speedを「スピードを出す」という動詞で使い、speeding（スピードを出すこと）という動名詞で「スピードオーバー」を表す。動詞をingに変えた動名詞には、動詞としての働きが残っているため、名詞になっても数えないことが多い。今回は抽象的な概念のため数えない。先の[2]の「時速120キロで走っていた」ことを指しているため「そのようなスピードオーバー」として定まるため定冠詞theを使う。

[4]80キロのspeed limit（法定速度）はthe speed limit of 80 km per hourと表現することで「相手にもわかる」ことを主張する。または「時速80キロの法定速度」ま

でを一気に相手に伝えたいのでtheを使う。

　⑤一般論に移り、「多くの運転手がこの道で出す速度」を表す。「法定よりも速い複数の具体的な値」を表すためhigher speedsは複数形を選択。多くの運転手がさまざまな速度で走行することを明示している。

　⑥最後のspeeding（スピードオーバー）は先の③とは異なり、今回のスピードオーバーではなく一般論のため無冠詞。③と同じ抽象的な概念。数えず、冠詞は使わない。

　このように、名詞の「数」と「冠詞」は、「人のとらえかた」が基本になります。辞書には「可算」や「不可算」といった分類が書かれていますが、今回のspeed（速度）のように、「可算」と「不可算」の両方の扱いができる名詞も多く存在しています。

　まずは名詞の扱いの重要性、つまり「数」と「冠詞」の存在に気付き、すべての名詞の「数」と「冠詞」を考えることからはじめましょう。そして、自分の名詞の扱い方が正しいかどうかを辞書で確認し、軌道修正を続けます。すべての名詞に「可算（Cや［countable］と記載）」「不可算（Uや［uncountable］と記載）」の別が記載されている辞書[4]を使って確認するのがおすすめです。

＊脚注4：可算・不可算の記載がある辞書の例：『ルミナス英和・和英辞典（研究社）』（https://www.kenkyusha.co.jp/modules/08_luminous/index.php? content_id=1）、英英辞書『Longman』（https://www.ldoceonline.com/jp/）。

対する日本語は、名詞の数は通常意識しません。数える名詞か数えない名詞かだけでなく、単数か複数かも通常は表しません。「いくつなのか」が重要になったときにはじめて数の話をします。また、「その名詞が相手にとってわかるものかどうか」という観点を毎回判断する必要はありません。必要なときにだけ「この〜」や「あの〜」「その〜」と表現します。また、日本語では先に扱った「会議」「速度」には単に物や現象の名前としての役割があり、発言中に数や冠詞の意識はありません。この両者の違いを埋めながら、明確な数や冠詞を選んで英語を使います。数や冠詞の選択をすることで英語ではより厳密に頭の中を表現する言葉なのです。

　このような英語と日本語の世界観の違いを知った上で、では英語でどのようにして名詞を使えばよいのか。次の項目で３つの判断ステップを具体的に解説します。

冠詞は名詞の「おまけ」ではない
ネイティブの頭の中は冠詞が先

　私たち非ネイティブにとって英語の冠詞は名詞に「つける」という印象を持ってしまうことがあります。「名詞の前のおまけ」のように。しかし実際には、冠詞のa /anは「次に形あるものがくる」ことの予告です。先のat a speed ofでは「このあと速度の値がくるよ」と予告しています。冠詞theは「自分がわかっているはずの

もの」や「あなたがわかっているもの」「あなたもわかっていると話者が期待するもの」が続くことの予告です。「あれです、あれ」と言っているわけです。the speed limit of（法定速度）などです。

　冠詞がおまけではなく、冠詞を先に発想するということの証拠に、英語ネイティブ話者は「the, the...」と the を出したけれど次の単語が思い出せない、といった状況に陥ることがあります。

　米国のシンガーソングライター、テイラー・スウィフトのインタビューの1コマを紹介します。猫好きで有名なテイラーが、聞き手に「猫の種類、10秒でいくつ言える？」と促され、猫の種類を列挙しようとしています。

73 Questions With Taylor Swift/Vogue（https://www.youtube.com/watch?v=XnbCSboujF4）、6分43秒からの1コマ（動画シリーズ73 Questions は P290 で紹介。実際の動画を是非ご覧ください）。

聞き手：How many cat breeds can you name in 10 seconds?
　（10秒で猫の種類を何種類言える？）
テイラー：When do we start? （いつはじめたらいい？）
聞き手：Go. （はじめてください）
テイラー：British Shorthair, Scottish Fold, Himalayan, Exotic Shorthair, Exotic Longhair, Sphynx cat, Munchkin, Siamese, um, um, **the, the...** （ブリティッシュショートヘアー、スコティッシュフォールド、ヒマラヤン、エキゾチックショートヘアー、エキゾチックロングヘアー、スフィンクスキャット、マンチカン、シャム…ええっと、あれ、あれなのですが…）
聞き手：Time's up. Amazing. （時間切れです。素晴らしかった）

テイラー：I can do so much better than that. （もっと言え
　　るはずなのに）

　猫の種類が思い出せなくて、the, the... と定冠詞the
を繰り返す一幕。「ええっと、あれ、あれなのに…」と。
このことからも、冠詞は名詞の前に付くおまけではな
く、名詞を予告する重要なものであるとわかります。名
詞の形を決める「冠詞」と「数」を気持ちよく使いこな
せることで、より厳密に、わかりやすく英語で表現でき
ます。

2　数と冠詞の判断ステップは3つ

　英語と日本語の名詞（物や現象の名前）に関する世界観
の違いを把握したら、次はどのように名詞を使えばよい
か。名詞の「数」と「冠詞」は人のとらえかたによって
決まると伝えましたが、だからといって数と冠詞を「感
覚的に」使えばよいわけではありません。非ネイティブ
が冠詞と数の「感覚」を得るまでには膨大な時間がかか
るためです。感覚で使おうとせず、自分で毎回しっかり
と考えて選びます。頭の中に「数と冠詞の判断フローチ
ャート」を自分で作り、順を追って判断するのです。そ
のとき、aなのかtheなのか、数えるのか、と一度に色々
な判断をすると混乱しますので、3つのステップで順に
判断します。はじめに「theかどうか」つまり自分にも相
手にもこれとわかるか、を判断することがおすすめです。

「数えるかどうか」の判断ステップでは、「区切りを感じるか」を自分で考えてから辞書も参考にします。

> ステップ１：theかどうか
>   Yes：theを使う→判断終了
>   No：theを使わない→ステップ２へ
> ステップ２：数えるかどうか
>   Yes：数える→ステップ３へ
>   数える・数えない、いずれも可能な名詞の場合には伝えたい内容に応じていずれかに決める。
>   No：数えない名詞の場合は終了。または通常数えない名詞でも区切って数えたい場合には「入れ物」を決めて数える→判断終了
> ステップ３：数える場合に単数か複数か
>   A：文脈から数が決まっているときは単複を単純に選ぶ→判断終了
>   B：一般論のときは複数か単数かを戦略的に選ぶ→判断終了
>   一般論のtheの存在も知っておくとよい。

ステップ１：theかどうか

「相手にわかるものかどうか」という判断です。

Yes：theを使う

theが使える、と決めたらtheを使います。数えるものでも数えないものでも、theを使うことができます。

例：the company（話題にしている「会社」）、the new year（今年の終わりに「来年」）、the Android platform（「アンドロイドというプラットフォーム」）、the water（「この水」）、the United States of America（「アメリカ合衆国」）、the building（「この建物」）

No：theを使わない
「相手にわからない」と考えた場合には、数えるかどうか（ステップ2）、と単複（ステップ3）の判断に移ります。

ステップ2：数えるかどうか
区切りや形状があるかを判断します。まずは自分で考えます。慣れるまでは自分の感覚が正しいかどうかを確認するために辞書も使います（使用する辞書の一例はP175）。

Yes：区切りや形状があるので数える
例：book（本）、smartphone（スマホ）、TV program（テレビ番組）、photo（写真）

Yes or No：区切りがある・ない、両方の可能性があるので文脈で決める
例：speed（速度）、sound（音）のように辞書に可算・不可算の両方の記載があるもの。rain（雨）、future（将来）のように表したい意味により柔軟に対応するもの。

speed（速度）：概念の場合は数えず、値の場合はa speed of 120 km per hour などと数えます。

sound（音）：数えずに無冠詞でぼんやり表せる一方

で、a loud sound（大きな音）は区切りを感じるため数えます。

　rain（雨）：We have much rain in June.（6月は雨が多い）では量に着目しているので数えず、We had a heavy rain.（激しい雨が降った）や We had a light rain.（小雨が降った）のように雨を「1つの様態（姿）」として表すときは数えます。

　future（将来）：「自分の目の前にある将来」は the future と表現するが、a bright future（明るい未来）は「未来の1つの形態」として区切りを感じるために数えます。

No：区切りがないので数えない

　例：water（水）、information（情報）、advice（忠告）

　分岐ステップ2：名詞の特徴として区切りがない、数えないと判断した場合に、それでも区切りを持たせたい場合には「入れ物」を使います。入れ物で数える代表例の a glass of water（コップ1杯の水）と同様に sets of information（複数の情報）、a piece of advice（1つの忠告）のように適切な「入れ物」を使います。

ステップ3：数える場合に単数か複数か

　名詞を数えると決めた場合には、1つか2つ以上かを決めます。文脈から決まっている場合と、一般的なものとして表すために決まっていない場合があります。数が特に決まっていないときには複数形で一般論を表したり、1つを代表に使って一般論を表したりできます。

A：文脈から数が決まっているときは単複を単純に選ぶ

I have **a cat**. / I have **cats**. 猫を1匹／複数飼っている。

　事実として数が決まっているため、それに応じて選びます。

B：一般論のときは複数か単数かを戦略的に選ぶ

Kittens are adorable. 子猫は可愛い。

A kitten is the most adorable creature.

子猫は最も可愛い生物だ。

(kitten = 子猫　adorable = 愛らしい)

　数に意識がなく、一般的な話をするときにも、数えると判断した名詞は単数か複数かの明示が必要です。世の中に存在する子猫は複数なので、一般論を表す場合に複数にできます。一方で「子猫は最も可愛い生物」と定義するときには、文の後半のthe most adorable creatureが単数なので、合わせて単数形を選ぶとわかりやすい。単数（A kitten）で「どの子猫にも当てはまる」として代表して表せます。

　一般論に関してもう1つ理解しておくと便利なことがあります。実際は先のtheの判断（ステップ1）に関連するのですが、theを使って種を表す表現があります。例えば「スコティッシュフォールド（Scottish Fold cat）は可愛い」という場合に、先の「子猫は可愛い」や「子猫は最も可愛い生物だ」と同様にScottish Fold cats are adorable.やA Scottish Fold cat is the most adorable

creature. とできる一方、The Scottish Fold cat is adorable.
や The Scottish Fold cat is the most adorable creature.
ともできるのです。これは「スコティッシュフォールド
という種類を知っているよね」というように、猫の個体
ではなく、「スコティッシュフォールド」という種類に着
目した表現です。この「種類のthe」は「〜というもの
は」といった日本語に当てはまるような固い文脈で使い
ます。なお、「種類のthe」は、water（水）のように数え
ない名詞には使えません。数えない名詞は冠詞も何も使
わないことで、「一般論」を表します。数えない場合に
theを使うと「他の同種とは異なるもの」として表されま
す。例えば、Water boils at a temperature of 100 ℃.（水
は100℃で沸騰する）は「一般的な水」ですが、The
temperature of the water was just right for swimming.
（水の温度は泳ぐのに丁度よかった）ではthe waterは他の水
とは異なる「目の前にある水」や「話題にしている水」
を表します（waterの例文は『Longman』より）。

不定冠詞aは「たくさんある姿」のうちの「1つ」を表す

「雨」は区切りがなく不可算なのに、「ひどい雨」にな
るとa heavy rainとaを使う。a bright future（明るい未
来）やa loud sound（大きな音）にも不特定のaを使う。
これは「ひどい」「明るい」「大きな」と形容すること
で、「他にもたくさんある姿」のうちの「1つ」を表す
とらえ方をしているためです。このことは「月の満ち欠

け」を想像すると理解しやすくなります。地球から見える「月」はthe moon（自分にも相手にもあれとわかる月）ですが、満月や半月はa full moon、a half moonと言います。「月」が満ち欠けをして、さまざまな姿へと変化し、そのうちの1つは「たくさんある姿」のうちの不特定な1つにすぎないため不定冠詞となるのです。

　この考え方は、a heavy rainやa bright futureなど形容詞で説明する現象に不定冠詞を使うさまざまな状況に応用できます。

the moon（月）の複数の姿はそれぞれ
a half moon、a full moon、a crescent moon...

ステップ1→2→3を練習してみよう

　名詞democracy（民主主義国）、world（世界）、future（将来）、英国（UK）、ゲスト国（guest country）の「数」と「冠詞」を3つの判断ステップにしたがって考えましょう。

2021年G7サミットのウェブサイトのトップメッセージ

　ボリス・ジョンソン首相は、G7議長国としての英国の立場から主要な【①民主主義国】を団結させます。【②世界】がコロナウイルスと戦い、より良い回復を遂げ、【③環境に優しく、豊かな未来】を創造するために。【④英国】はオーストラリア、インド、韓国、南アフリカを今年開催のG7の

【⑤ゲスト国】として招待しました。

Prime Minister Boris Johnson will use the UK's G7 Presidency to unite leading (①**democracy**) to help (②**world**) fight, and then build back better from coronavirus and create (③**greener, more prosperous future**). (④**UK**) has invited Australia, India, South Korea and South Africa as (⑤**guest country**) to this year's G7.

(https://www.g7uk.org/の抜粋文から、括弧内の単語の単複と冠詞を外して記載。サミット開催前の英文。開催後は英文が一部変更)

(build back better＝より良い回復をする　green＝環境に優しい
greener＝より環境に優しい　democracy＝ここでは「民主主義国」
prosperous＝豊かな、繁栄した)

ステップ1：theかどうか（相手に「あれだよ、あれ！」とわかるか）

①民主主義国✕

「民主主義国」がどこの国のことか、現時点ではわからない。

②世界◯

相手にも共通認識の「世界」がある。

③豊かな未来✕

「豊かな未来」がどのようなものか、現時点では見えていない。

④英国◯

共通認識がある。the United Kingdom of Great Britain and Northern Ireland が正式名称。

⑤ゲスト国✕

ゲスト国を一般論としており、どの国か特定できない。

theと判断した②と④に the を付ける。

② the world（判断終了）

④ the UK（判断終了）

ステップ2：数えるかどうか（区切りがあるか）

①民主主義国〇

世界の主要な民主主義国は1国ごとに区切りがある。

③豊かな未来〇

他の「未来」とは異なる姿。区切りを感じる。

⑤ゲスト国〇

各国には区切りがある。

　→「数える」と判断したためステップ3へ。

ステップ3：数える場合に単数か複数か

①民主主義国【複数】

団結させる国は複数。

③豊かな未来【単数】

ここで話題にしている未来は1つ。

⑤ゲスト国【複数】

招待したゲスト国はオーストラリア、インドほか複数。

実際の英文

Prime Minister Boris Johnson will use the UK's G7 Presidency to unite leading **democracies** to help **the world** fight, and then build back better from coronavirus and create **a greener, more prosperous future. The UK** has invited Australia,

India, South Korea and South Africa as **guest countries** to this year's G7.

各名詞の特徴を確認

【the UK】「イギリス」の正式名称は The United Kingdom of Great Britain and Northern Ireland（グレート・ブリテンおよび北アイルランド連合王国）。the United Kingdom (UK) とも呼ばれる。

【democracy】可算・不可算の両方の使い方ができ、不可算で「民主制、民主主義、民主政治」（例文：Democracy came from ancient Greece. 民主政治は古代ギリシャに由来する）、可算で「民主制国、民主政体、民主社会」（例文：In a democracy people choose their government by voting. 民主国家では国民が投票で政府を選ぶ）を表す（democracy の例文は『ルミナス英和・和英辞典』より）。

【world】the world で皆の共通認識としての世界を指す。なお、同サイトの別の箇所に a cleaner, greener world（よりクリーンで緑の多い世界）がある（原文：we are united in our vision for a cleaner, greener world...）。形容詞と一緒に使うと、数あるうちの１つの姿に。

【future】「将来」や「近い将来」は in the future や in the near future として、目の前の将来が定まるため the を使うことが多い。可算・不可算の両方の使い方ができ、定まるかどうかで the か a を決める（the の例文：No one can tell what will happen in the future. 将来は何が起こるか誰にもわからない。a の例文：He has a great future ahead of him. 彼

の前途には明るい未来がある〔『ルミナス英和・和英辞典』より〕）。

【country】「国」はいつでも区切りがあるので可算。なお、the countryで「田舎」という意味にもなる。

　名詞は3つのステップで「数」と「冠詞」を判断するとお伝えしました。名詞、つまり数と冠詞の習得には少し時間がかかりますが、まずはその存在に気付き、事前に英文を組み立てて準備をするときに意識をして選ぶことが大切です。その場で発話するときには「数」と「冠詞」を間違えても気にしないようにしましょう。存在を知ってさえいれば、少しずつ意識的に使えるようになります。練習するうちに頭の中に判断フローチャートが確立し、ゆくゆくは意識をしなくても自然に選べる文脈が増えます。

Coffee Break

「正しいアプローチ」を表す "a" correct approachと "the" correct approach の違い

　プレゼンスライドを英語から日本語に訳していましたところ、こんな英語がありました。「本日の教訓」という見出しのスライド。面白いのは2文目の "a" or "the" です。

Lessons Learned

・We have many ways to address the issue.

この問題に対処する方法は数多くある。

・We must choose "a" or "the" correct approach.

正しい方法を選ぶべき。

We must choose "a" or "the" correct approach. のなかでa correct approachは「アプローチは複数あるが、そのうちの１つを選ばなければならない」、the correct approachは「まさにこれ、という１つの正しいアプローチがある場合には、そのアプローチを選ばなければならない」を表します。冠詞aとtheだけでそんなことを表してしまう英語の世界には驚きます。できるだけ意図を伝えられるように努めて翻訳しました。

本日の教訓
・この問題にはさまざまな対策法がある
・正しい方法を選択することが重要
　（正しい方法が１つとは限らない）

3　前置詞で関係をしっかり伝える

前置詞は日本語の「助詞」とは対応しない

　英語の前置詞は名詞と他の単語との関係を「視覚的」に伝えます。日本語の助詞「～に」や「～の」とは対応せず、各前置詞には個別の意味範囲があります。前置詞が狭く厳密で話し手の頭の中が透けて見えるのに対して、ここでも、日本語は広くて具体的ではありません。

助詞は意味が広い	前置詞は厳密で 話し手の頭の中が透けて見える	
東京は日本の首都である。	Tokyo is the capital of Japan.	of
大阪は日本の都市である。	Osaka is a city in Japan.	in

| 京都の御菓子は美味しい。 | Sweets **from** Kyoto are good. / Sweets **in** Kyoto are good. | from |

「日本の首都」「日本の都市」「京都の御菓子」の「～の～」は１つの前置詞には対応しません。適切な前置詞を選んで関係を明示する必要があります。the capital of Japan は所属や所有関係を表す of を使い、定冠詞 the も合わさり「日本を代表している唯一の首都」と表現。a city in Japan は「広い場所の中」の in を使って、ここでも不定冠詞 a とともに「日本という広い場所に存在する数ある都市のうちの１つ」を表現。Sweets from Kyoto は「起点」を表す from で「京都から買ってきた菓子」や「京都で作られて他地域で販売されている菓子」、Sweets in Kyoto は「京都で販売されている、作られている、食べられる菓子」を表現しています。

前置詞は関係を視覚的に見せる

　日本語の助詞と英語の前置詞が１対１にならないため、各前置詞の意味をそのまま理解することが大切です。各前置詞が表す関係を視覚的にとらえます。

 at

atは「シャープなポイント」。
You can visit us **at** https://www.u-english.co.jp. で「弊社のホームページは https://www.u-english.co.jp です」の意味。URLをポイントとして at で表現。

on●

onは接触を表す。
You can find us **on** Twitter.「弊社にはツイッターもあり

ます」では Twitter をネットワークの網の上として接
触の on で表現。

to は方向と到達点を表す。
We have assigned a task **to** each member. 「各メンバー
に仕事を割り当てました」で、仕事の割り当てを到達
の to で表現。

for は到達点を含まない方向を表す。
We have suggestions **for** you. で「提案があります」。あ
なたに向けた提案を for で表現。

off は「離れて」。
I am **off** today. は「今日は（仕事がなくて）オフです」。
逆に I am here **on** business. 「仕事でここに来ています」。

of は off と似ているが、of は「分離」から意味が広が
り、「分離しているけれど、つながっている関係」。つ
まり「所属や所有関係」や「イコール」を表す。
We are a member **of** the Consortium. は「弊社はそのコ
ンソーシアムに所属しています」。

with は「一緒に」から「持っている」「使っている」。
I work in an office **with** many windows. で「窓が多いオ
フィスで働いている」。with = having を表す。with の
逆は without で I work in an office **without** any windows.
で「窓がないオフィスで働いている」。

　前置詞を日本語に置きかえずに視覚的に理解して使い
こなすことができれば、英文を組み立てるときに効果的
な前置詞を選択できます。

かみ砕いた説明に前置詞が使える
　漢字を使った難しい日本語に対応する英語が浮かばな
いとき、ボキャブラリが足りないと悩まずに、別の平易

な表現を探しましょう。前置詞を使って平易に表現できることがあります。

【在宅勤務：work from home】

■スタッフは皆、今在宅で勤務しています。

All staff members currently work **from** home.

fromは「〜から」という起点を表します。

All staff members currently work remotely. という副詞 remotely や All staff members currently telework. の自動詞 telework ＝「在宅勤務する」が思いつかないときに、前置詞でかみ砕いて説明できる。

【上司・部下：above、under】

■彼は私の上司です。/ 彼は私の部下です。

He works **above** me.（彼は私の上司です）

They work **under** me.（彼らは私の部下です）

above　under

「上司」「部下」を何と言うかわからなくて焦ることがあるかもしれません。辞書を引くと superior（上司）や subordinate（部下）も出てきますが、難しいため前置詞を活用。「上司」「部下」というときは必ず仕事の話をしていますから、動詞は「働く」を表す work を選びます。above は上、under は下を表す前置詞です。

　通常「上」と「下」を表す前置詞は「above と below」、

「overとunder」がそれぞれペアになりますが、above/belowは「点」のイメージ、over/underは「面」のイメージです。上司にoverを使うこともできますが、覆い被さるイメージのoverよりも上の1点に立っているイメージのaboveのほうがより一般的。なお、部下に「点」のイメージのbelowを使うと上司が管理している印象にならないためにThey work below me.は不適。They work under me.を使います。このような微妙な使い分けも理解が深まると面白いものです。

【単身赴任：work away from home】

■私は単身赴任をしています。

I work away **from** home.

「単身赴任」といった漢字表現を何と言うか悩んだときには、「家から離れた場所で働く」と説明的に。副詞away＝「離れて」と前置詞from＝「〜から」を使ってwork away fromと表現。他にもI live here for work.（仕事のためにここに住んでいる）やI don't live with my family. I live near the workplace.（家族と一緒に住んでいない。職場近くに住んでいる）など、さまざまな表現で説明できます。forは「〜のために」、withは「〜と一緒に」、near「〜の近くに」も前置詞として使えます。

【方向性の for と所属を表す of】

■強いパスワードにしたければ、16文字からなる文字列が必要です。

For a strong password, you would need a sequence of 16 characters.

(sequence = 列　character = 文字)

for は「方向」。文頭に置けば「〜の場合は」という条件を表す。of は「所属」や「イコール」を表す。「sequence = 16 characters」です。

【熱中している：into】

■1ヵ月前からオンライン英会話のレッスンに参加しはじめましたが、現在熱中しています。

I started taking English conversation lessons online a month ago, and I am now into it.

into の意味は in（中）と to（方向と到達）で、中に入り込むこと。I am into ___. で「〜に熱中している、はまっている」。

【ピントが合わない・合う：out of focus / in focus】

■この画像はピントが合っていません。/ この画像はピントが合っています。

out of

The picture is out of focus. / The picture is in focus.

out of focus で「焦点から離れている」、in focus で「合っている」。

それぞれ、The picture is blurred.（blurred＝ぼやけた）と The picture is clear.（clear＝鮮明な）も可能ですが、「フォーカスが外れている（out of focus）・合っている（in focus）」と表現。単語を知らないと思ったときにも諦めずに表現の幅を広げることが大切。

【目的：after】

■ハッカーの目的は何なのでしょうか。（疑問文）

　ハッカーが米国の秘密情報を得たいと思っていることは明らかです。（答え）

What are the hackers **after**?

after

The hackers are clearly **after** gaining intelligence in the U.S.

　afterは「〜の後」を表す前置詞ですが、be動詞と一緒に使い「後ろから追い求める」という意味を作っています（「ハッカーがサイバースペースを攻撃した」という米国のニュースで筆者が実際に耳にした表現より）。

【在庫切れ：out】

■この本を5冊購入する必要があったのですが、在庫切れでした。

We needed to purchase five copies **of** this book,

but they are **out**.

out

　ofは「〜の中から取り出す」「分離して切り出す」というイメージで「5冊（five copies）」を表現。outは「外へ」。

a glass of water（1杯の水）の「入れ物」の応用

　通常は「数えられないもの」を入れ物に入れて数える a glass of water や a cup of coffee の表現があります が、その入れ物はさまざまに応用ができます。例えば 「100mlの水」は100ml of water、「スプーン1杯の砂 糖」はa spoonful of sugar、「複数のソフトウェア」は pieces of software です[*]。前置詞ofは「分離」という元 の意味（P191）により、water から a glass 分を取り出し た、100ml を取り出した、sugar から a spoonful を取り 出した、software から pieces を取り出した、といった 意味を伝えています。

　ここで応用です。普通は可算で使うものであっても、 「個数」をXX of ___ という形で表したい場合がありま す。「この製品を100個注文したい」や「この本を5冊 注文したい」という場合です。100 products や five books とそのまま数えると、100個の違う製品を注文す るのか、ある製品を100個注文するのかが理解しづら い。5冊の違う本なのか、同じ本が5冊必要なのか。そ のような場合に a glass of water と同じ XX of ___ を活 用できます。

We would like to order **100 units of this product**.

> この製品を100個注文。（unit＝〜個や〜台）

We need to order **five copies of this book**.

> この本を5冊注文。（copy＝冊）

---

[*] softwareは不可算。数えたい場合にはこのようにpiecesなどを
　使って数えるか、または数えられる名詞と一緒に使ってsoftware
　programs（ソフトウェアプログラム）などと表現。

「誤解なく伝えたい」というコミュニケーションの目的に合わせて英語は柔軟に進化します。勉強中は知識で頭が固くなりがちですが、少しリラックスして英語の表現方法を楽しむのもよいでしょう。

4 助動詞の疑問文で依頼する・申し出る

疑問文で依頼するとき

「動詞に気持ちを加える助動詞の活用」を第4章で扱いました。疑問文の場合も助動詞の基本の意味は同じです。can/couldは「能力・可能性」、will/wouldは「意志」を尋ねます。mayは「許可」を尋ねます（助動詞の基本の意味はP141）。

疑問文の場合、「自分」や「相手」の能力・可能性をcan/couldで問い、意志をwill/wouldで問います。

また「自分」を主語にして、自分が「許可」を得たい状況ではmayを使い、「～しましょうか」と提案をするときにはshallまたはshouldを使います。

Youを主語にして依頼する：「（あなたに）～してもらえますか」

Can/Could/Would/Will you _____?

can/couldで相手の「能力・可能性（＝できるか）」、would/willで相手の「意志（＝してくれる気持ちがあるか）」を聞く。

■この文書のコピーを取っておいてください。

Can you make a copy of this document?

「できますか」と相手の能力・可能性を聞くことで依頼します。

Could you make a copy of this document?

「もしかして、できますか」と仮定とともに相手の能力・可能性を聞くことで丁寧に依頼します。

Will you make a copy of this document?

意志を表すwillでは「（強く）してください」と依頼します。後ろにpleaseで促してWill you make a copy of this document, please?として「コピーをお願いします」は上司が部下に頼むような状況で使います（pleaseについてはP167）。

Would you make a copy of this document?

「もしかして、してくれる気はありますか」と仮定とともに表現を和らげて依頼します。

なお、相手の「許可」を聞く状況は存在しないので、May you＿＿＿?という疑問文を使う機会はありません。

Iを主語にして依頼する：「（自分は）〜してもよいですか」「（自分が）〜しましょうか」

Can/Could/May I ＿＿＿＿＿＿?

can/couldで自分の「能力・可能性（＝できるか）」を尋ねる。may は「許可（＝してもよいか）」を得る場合のみに使う。

■この文書のコピーを取らせてもらえますか。

Can I have a copy of this document?

「できますか」と自分の能力・可能性を聞くことで依頼します。

Could I have a copy of this document?

「もしかして、できますか」と仮定とともに自分の能力・可能性を聞くことで丁寧に依頼します。

May I have a copy of this document?

　自分が「許可を得られるか」を尋ねて依頼。正式な場面で許可を得ることで依頼します。自分の「意志」を尋ねる状況は存在しないので、Will I ＿＿？の疑問文を使う機会はありません。なお、動詞haveを使って「コピーを1部持つ状態にできるか」と尋ねることができます。haveでは「（すでに取ってある）コピーを1部もらえるか」という状況でも使えます。動詞makeを使って「コピーを取ってよいか」と表すこともできます。

■この文書のコピーを取っておきましょうか。

Should I make a copy of this document?

　自分が「したほうがよいか」と尋ねることで提案する。

Shall I make a copy of this document?

「いたしましょうか」と提案。Should I ＿＿？はより自然。

助動詞単体で促すカジュアルな場面も可能

　会話であれば、助動詞＋主語の一言で相手にお願いをする場面もあります。

Can you?　　　お願いできそうですか。

　お願いしている内容が相手にわかっている状況であれば、これだけで「してくれますか」を伝えることができます。同様にmayやshould/shallとIの一言（とアイコンタクト）だけで「～してもいいですか」や「～しましょうか」と伝えることができます。

May I?　　　　　　　してもよろしいですか。

Should I? / Shall I?　しましょうか。

依頼に便利な for you / for me ──助動詞過去形would/couldや促すpleaseを使いすぎないために

　助動詞の過去形couldやwouldは「丁寧さ」を表すと覚えた人も多いでしょう。助動詞の過去形は仮定法つまり「現実と違う」状況を表します。それを疑問文で使うと「ひょっとすると」という意味になり、相手への配慮が表され、「丁寧」や「控えめ」な表現になります。ただ、助動詞の過去形は「現実と違う」が根底にあるため、丁寧さの意味や程度が文脈によっては把握しにくいときがあります。例えば「私がコピーを取りましょうか」と言うのにCould I make a copy?と表現すると、文脈によっては「可能であればコピーを取ってもいいですか」を意味することもあります。また、疑問文ではあり

ませんが、I'll make a copy.（私がコピーを取ります）をI would make a copy.と言っても丁寧や控えめにはならず、「まあ、多分私がするでしょうけれど…」といった意味になることも。助動詞や文脈によらず「丁寧さ」を表現したければどうすればよいでしょう。なお、please（〜してください）は必ずしも丁寧とは限らず、Can you make a copy, please?は声のトーンによっては、「コピー取ってくれる？　今すぐ」といった動作を促す強い表現となります。

　助動詞やpleaseを使った丁寧表現が難しいと感じる場合に万能な他の丁寧表現があります。「あなたのために」「私のために」を表すfor youとfor meです。依頼の文章の後ろに加えるだけで使えます。

I'll make a copy **for you**.	コピーを取りますね。
Could I make a copy **for you**?	コピーをお取りしましょうか。
Should I make a copy **for you**?	コピーを取ってあげましょうか。
Can you make a copy **for me**?	コピーを取っていただけますか。
Will you make a copy **for me**?	コピーを取ってください。

　いずれも丁寧に使える表現です。助動詞の基本をひとたび理解したら、次は助動詞に頼りすぎず、自分にとって平易に使える表現を選択することがおすすめです。非ネイティブにとってわかりやすい表現は誰にとってもわかりやすい。自分が非ネイティブであることを利点にして、取捨選択をしながら伝わりやすい表現を目指しましょう。

仮定法の助動詞 would は使いすぎに注意

I would do so.（こうしようかな）という意味で助動詞 would の過去形を使っていたところ、英語ネイティブの相手が If? と尋ねてきました。一言 If? とだけ。助動詞 would は仮定法（P142）ということを実感しました。I would do so if we extended our deadline.（期限を延ばせるなら行うのですが）と条件節を加えて言い直しました。表現をぼかしたい日本人気質によりつい使ってしまう would ですが、would（助動詞の過去形）にはいつも if（条件）が隠れていることを意識しなければなりません。

5 文全体や動詞に副詞でニュアンスを加える

副詞はただ加えるだけ

先の助動詞に加えて、ニュアンスを足す大切なアイテムに「副詞」があります。副詞は完成した文にそのまま加えるだけなので大変便利です。加える場所の原則は、意味を加えたい部分、つまり修飾先の近くです。文全体に意味を加える場合には文頭や文末に加えます。動詞にニュアンスを加える場合には動詞の前か動詞のあとの適所に加えます。

副詞の位置が形容詞よりも定まりにくい理由

英文を正しく組み立てるために品詞を理解することは

大切です。修飾を加える品詞には「形容詞」と「副詞」があり、形容詞は名詞を修飾し、副詞は「名詞以外」を修飾します。副詞を置く位置が形容詞ほど明快に定まっていないのは、副詞の修飾先が「名詞以外」という大まかな定義のためです。

　例えば、Japan's rainy season starts between May and June.（日本では5月〜6月に梅雨入りする）に副詞 typically（通常は＝例年）を加える場合、文全体に意味を加えたい場合には文頭か文末、動詞に加えたい場合には動詞の前、「5月と6月の間」に加えたい場合にはその前です。

■日本では例年5月〜6月に梅雨入りする。

Typically, Japan's rainy season starts between May and June.
文全体に意味を加える。

Japan's rainy season **typically** starts between May and June.
動詞に意味を加える。

Japan's rainy season starts **typically** between May and June.
「5月〜6月に」に意味を加える。

　このように副詞を配置する場所により、かかり先が変わり、加えるニュアンスが変わります。伝えたい内容に応じて副詞の配置を決めます。

　また、副詞の修飾先は「名詞以外」ですので、他にも形容詞を修飾したり、他の副詞を修飾したりできます。

■今年の梅雨は比較的短かった。

The rainy season was **relatively short** this year.

（relatively = 比較的　short = 短い）

副詞relativelyが形容詞shortに意味を加えています。

■今年は梅雨入りが比較的早かった。

The rainy season started **relatively early** this year.

副詞relativelyが別の副詞earlyに意味を加えています。

　一方、形容詞は「名詞」を修飾します。または名詞の状態を描写します（P111）。形容詞は名詞に対して位置が定まっています。

■例年の日本の梅雨は5月〜6月にはじまる。

A **typical** rainy season in Japan starts between May and June.

形容詞typicalがrainy seasonに意味を加えています。

■今年の梅雨は例年と違った。

The rainy season was not **typical** this year.

The rainy season was **atypical** this year.

（atypical = 典型から外れた［typicalの反対語］）

形容詞typical/atypicalでThe rainy seasonの状態を描写しています。

　異なる品詞の理解に基づいて副詞の使い方の基礎を理解できたら、実際にさまざまな文脈で使ってみましょう。

文の中に入れ込んで意味を足すものから、文頭でニュアンスや話し手の気持ちを伝えるものまでを練習します。

副詞一言で会話に応答できる

　副詞一言を会話中に使うことも可能です。

　Do you ＿＿？（質問）に対する返事にAbsolutely.（もちろん）や、You do ＿＿.「〜なのですね」に対する返事にExactly.（その通り）など、副詞だけで応答することができます。さらにはyesやnoも加えて、Surprisingly, no.（予想外と思いますが、答えはノーです）やHonestly, no.（正直なところ、答えはノーです）、また逆にDefinitely, yes.（当然そう）などと応答できます。

動詞に意味を足す便利な副詞

■紅茶は産地によって味の違いがあります。

Tea leaves from different countries taste **differently**.

動詞の後ろに置いてtaste（〜の味がする）に意味を加える。

■他国から入国できないようになっている（＝国境が他国に対して閉鎖されている）。

The border is **internationally** closed.

The border is closed **internationally**.

位置はclosedの前後いずれも可能。

　The border is closed.（国境が閉鎖されている）に対して副詞を足す。The border is closed to international visitors.

も正しいが、前置詞toの選択や名詞visitors（訪問者）の単数・複数といった数の選択がある。副詞が使えると細部の判断が減るため簡単。

■その国はウイルスの感染拡大を封じ込めることができた。

The country **successfully** contained the spread of the virus.

The country could contain the spread of the virus. と助動詞の過去形couldを使うと、実際にできたのかできていないのかが不明瞭（couldはcanよりも低い可能性を表すこともあるため）。The country contained the spread of the virus. と事実のみを述べ、副詞successfully =「成功裏に」を足す。

文頭の副詞でIt is構文をやめることもできる

■多くの日本の漫画やアニメのキャラクターが外国で知られていることは興味深い。

Interestingly, many Japanese manga and anime characters are known in other countries.

文頭に副詞を使うことでIt is...that... という構文を控えることができる。It is interesting that many Japanese manga and anime characters are known in other countries. よりも平易で伝えやすい。

■会社が従業員へのワクチン接種計画を発表したことは重要である。

Importantly, our company has announced its plan to

vaccinate its employees.

文頭の副詞を活かす。It is important that our company has announced its plan to vaccinate its employees. よりも簡単。早期に話し手の考え（「重要」）を伝えることができる。

副詞のおさらい

文頭・文中・文末に副詞を自由に配置してみましょう。

absolutely 絶対に	definitely 確実に	certainly もちろん
probably 多分	possibly もしかすると	hopefully そうだといいな
actually 実際には	unfortunately 残念ですが	honestly 実は（正直なところ）
finally とうとう	ideally 理想的には	importantly 重要なことに
notably 特記すべきことに	interestingly 興味深いことに	more importantly さらに重要なことに
surprisingly 驚くことに	usually 通常は	typically 典型的には

Absolutely,   absolutely   , absolutely

All employees wear face masks indoors.

全従業員は室内ではマスクを着用します。

6 前置詞・分詞・to不定詞・関係代名詞で 話を足す

　主語と動詞で作る英文の骨組みの組み立てができるようになったら、次に使えると便利なのは骨組みに情報を足すアイテムです。前置詞、分詞、to不定詞、関係代名詞で「前の単語」または「文全体」に説明を加えることができます。

話を足すアイテム	特徴
前置詞	関係を視覚化する（P190） 前に出して条件を表すこともできる
分詞ing/ed	能動・受け身の説明を加える
to不定詞	未来への期待を加える
関係代名詞	長い説明も加えられる

■弊社では多種多様なクラウドサービスを提供しており、お客様のさまざまなニーズに対応しています。

cover different customer needs

We offer a variety of cloud-based services

cover different customer needs

（cover different customer needs＝お客様のさまざまなニーズに対応する）

「弊社では多種多様なクラウドサービスを提供している」をはじめに作成しました。文の前後いずれかに「お客様のさまざまなニーズに対応」を４つのアイテムを使って足しましょう。

前置詞で短く表現

We offer a variety of cloud-based services **for different customer needs**.

お客様のさまざまなニーズに対応するために

For different customer needs, we offer a variety of cloud-based services.

お客様のさまざまなニーズのために

前置詞で関係を視覚化。forは「そちらへ向かう」様子を表す。前に配置すれば「お客様のさまざまなニーズに関して言うと」と強調。

分詞で動きを出す

We offer a variety of cloud-based services **covering different customer needs**.

お客様のさまざまなニーズに対応するサービス

We offer a variety of cloud-based services, **covering different customer needs**.

その結果、お客様のさまざまなニーズに対応している

続けて配置すると「お客様のさまざまなニーズに対応するサービス」の意味でservicesを限定的に修飾。コンマを使う（口頭では「間」を置いて発音する）と、「サービスを提供する。そのことにより、お客様のさまざまなニーズに対応する」という意味になる。文末に配置する分詞構文は「その結果〜となる」を表す。

Offering a variety of cloud-based services, we cover different customer needs.

多種多様なクラウドサービスを提供することで、お客様のさまざまなニーズに対応している。

文頭に配置する分詞構文は「〜することにより」といった意味になる。

過去分詞の一例：
能動の意味を表す現在分詞（_ing）に加えて、別の文脈で受け身の意味を表す過去分詞（_ed）も使えると便利です。

「さまざまなお客様に評価されている（received well）」という受け身の文脈の一例：

We offer a variety of cloud-based services **received well by many different customers**.

さまざまなお客様に評価されているクラウドサービス

to不定詞で未来への希望を表現する

We offer a variety of cloud-based services **to cover different customer needs**.

サービスを提供することで、お客様のさまざまなニーズに対応することを希望

To cover different customer needs, we offer a variety of cloud-based services.

お客様のさまざまなニーズに対応することを希望して

to不定詞は「未来」つまり「これから起こること」への期待を伝える。「目的」や「結果」と文法上説明されることがあるが、まとめて「未来志向」と理解するとわかりやすい。

関係代名詞は長い説明も可能——動詞を使うので時制・助動詞OK

【関係代名詞・限定（コンマなし）は必須としたい情報を加える】

We offer a variety of cloud-based services **that cover different customer needs**.

お客様のさまざまなニーズに対応するサービス

We offer a variety of cloud-based services **that can cover different customer needs**.

お客様のさまざまなニーズに対応し得るサービス

We offer a variety of cloud-based services **that have covered different customer needs**.

お客様のさまざまなニーズをこれまで満たしてきたサービス

【関係代名詞・非限定（コンマあり）は付加的な情報として追加】

We offer a variety of cloud-based services**, which cover different customer needs.**

, which can cover different customer needs.

, which have covered different customer needs.

そのサービスは、お客様のさまざまなニーズに対応している・
できる・してきた

　関係代名詞は前の単語を説明する。長い説明も追加で
き、動詞が入るため自在に時制や助動詞を含められる。
限定用法「that」は必須の説明。非限定「, which」は付
加的な説明。つまり、We offer a variety of cloud-based
services that cover different customer needs.（限定用法）
は「お客様のさまざまなニーズに対応する多種多様なク
ラウドサービスを提供する（「お客様のさまざまなニーズに
対応する」が文に必須の情報）」、We offer a variety of cloud-
based services, which can cover different customer
needs.（非限定用法）は「多種多様なクラウドサービスを
提供する。なお、そのサービスはお客様のさまざまなニー
ズに対応する（「お客様のさまざまなニーズに対応する」は
付加的な説明で、削除しても文が成り立つ）。

　関係代名詞のthatとwhichについて、文法的に両方可
能な文脈（主格・目的格の関係代名詞で「人」以外を説明する
場合）では、限定用法にthat、非限定用法（コンマあり）
にwhichを使うのがおすすめ。[*5]

＊脚注5：thatを限定用法、, whichを非限定用法に使い分けると限定・非
　限定の別がわかりやすくて便利です。この方法は、実務の書き言葉の
　世界で各種指針（例：マイクロソフト社の指針：Microsoft Corporation
　Editorial Style Board, *Microsoft Manual of Style for Technical Publications*）
　にて推奨されています。

7 複数文の視点をそろえる

　短い文が組み立てられるようになったら、複数文を作って話を続けられるようにします。

　そのとき、英語では先に出した情報との「つながり」を意識すれば、文の主語が決めやすくなります。

　ここでも日本語と英語の違いとして、日本語は主語がなくてもよく、情報の並びも特に決まりはありません。

　そして、「そのため」や「そして」「それから」といった接続的な表現を使ってつなぐことが多い言葉です。対する英語は、接続的な言葉を使わずに文と文が内容でつながるのが望ましい言葉です。

英語の「つながり」を探ってみよう

> ■健康的な生活を送りたいと考えている若い人たちが増えています。そのため、弊社では健康管理用ウェアラブル端末に力を入れています。

　この日本語どうしの「つながり」はいかがでしょうか。1文目と2文目の間に「そのため」があり、日本語としては上手くつながっているように思われます。一方で、英語も同じ考え方をして「Therefore」（そのため）を使って文と文をつなぐと、論理が飛んでしまいます。「〜だから〜です」と表現するとき、英語は日本語よりも強い論理が必要になります。

More young people wish to live a healthy lifestyle.

✗ **Therefore**, we develop health monitoring wearables.

（health monitoring wearables ＝ 健康管理用ウェアラブル端末）

　特にThereforeは「論理的な結論」を表します。「健康管理用ウェアラブル端末」と「若い人が望む健康的な生活」の関連を明示せずに両者をThereforeで結びつけると、文と文の間の情報が欠落しているように感じられます。両者の間に欠落した情報とは、例えば「若い人が望む健康的な生活」を可能にするために「健康管理用ウェアラブル端末」が役立つ具体的な理由です。実際の英作では、情報を足すよりも、英語の接続的な言葉をなくしてみましょう。代わりに、「前に出した情報」を主語に使えば文と文が上手くつながり、より内容を具体化できます。例えば「健康的な生活を望む若い人」には「弊社が力を入れている健康管理端末」を「是非使ってもらいたい、きっと役に立つ」などと表現できます。

⭕ More young people wish to live a healthy lifestyle. **Those young people** will benefit from our health monitoring wearables.

（benefit from ＝ 〜から恩恵を得られる）

■ **2文目のニュアンス** そのような若い人たちに弊社の健康管理用ウェアラブル端末を使ってもらいたい。

　2文目の主語を1文目のyoung peopleにそろえました。2文目の内容を具体化しました。

214

○More young people wish to live a healthy lifestyle. **This motivates us to develop better health monitoring wearables for young people.**

（motivate = 〜を動機づける）

2文目のニュアンス この傾向が動機となり、我々は若い人たち向けのよりよい健康管理用ウェアラブル端末の開発に尽力している。

2文目の主語に1文目の内容全体を指すThis（このこと）を使いました。2文目の内容を具体化しました。

第1章で紹介した「主語の種類」で、人（I / We / You / They ほか）、物、動作、概念に加えて、「このこと（そのこと・あのこと）」という主語を紹介しました（P44）。例文はThis will cut the cost.（このことによって、コストが下がります）など。主語「このこと（This）」は、前文で出した情報を次の文で主語に使う一例です。

文と文のつながりを強める2つの方法

1文目で出した情報を2文目の主語にするためには、2つの方法があります。

①前文の主語とそろえる。
②前文で出した情報を次の文の主語にする。

■今日の会議では実りある議論ができました。その結果として、貴社と弊社の相互理解と信頼を深めることができました。

✗We had a productive discussion at the meeting today. **As a result, mutual understanding and trust between us** have become deepened.

（deepen＝深まる・深める）

日本語の発想で文を組み立てると、英語の主語に新しい情報が登場。2文目の主語を相手にわかる情報にする。

方法① 主語をそろえる

◯We had a productive discussion at the meeting today. **We** now have a deeper understanding and trust between us.

（deeper＝より深い）

方法② 前の文で出した情報を主語にする

◯We had a productive discussion at the meeting today. **This meeting** has deepened the understanding and trust between us.

■アップデート後にアプリが機能しないときには、インストールし直してください。そうすれば多くの場合に問題が解決します。

✗You should uninstall the application and reinstall it when the updated application fails to work. By so doing, **most problems** will be solved.

（fail to work＝機能しない）

2文目の主語を most problems から変更。

方法①　主語をそろえる

○You should uninstall the application and reinstall it when the updated application fails to work. By so doing, **you** can solve most problems.

○You should uninstall the application and reinstall it when the updated application fails to work. **You** can solve most problems with this procedure.

（this procedure＝この手順）

方法②　前の文で出した情報を主語にする

○You should uninstall the application and reinstall it when the updated application fails to work. **This procedure** will solve most problems.

■弊社では、顧客のニーズに合わせた幅広いソリューションを提供しています。携帯アプリ、データストレージ、外部リモートリソースなどがあります。

✗We offer a wide range of cloud backup solutions tailored to meet customer needs. **Mobile applications, data storage, and external remote resources** are available.

主語を前の文と関連づける。

方法①　主語をそろえる

○ We offer a wide range of cloud backup solutions tailored to meet customer needs. **We** offer mobile applications, data storage, and external remote resources.

２文目では１文目と同じ形で詳細な内容を伝える。

方法②　前の文で出した情報を主語にする

○ We offer a wide range of cloud backup solutions tailored to meet customer needs. **Our solutions** include mobile applications, data storage, and external remote resources.

１文目のcloud backup solutionsから２文目の主語Our solutionsを発想する。

8　ゆくゆくは文をつなぐ

　文の組み立てができるようになり、さらには複数文の視点をそろえることができたら、その先は「文をつなぐ」ことが自由にできるようになります。いくつかの基本的な方法をご紹介します。

　接続詞andやbutは等位接続詞と言い、文と文を並列につなぎます。接続詞whenやifは従属接続詞と言い、メインの部分とサブの部分を作りながら両者をつなぎます。従属接続詞のalthoughやwhereasはメインとサブを作りながらも、２つの部分を対比します。

　また、関係代名詞を使って共通部分をつなぐことができます。関係代名詞は２文を「関係づける代名詞」と理

解できます。

つなぐアイテム	役割
and/but	並列に足す 2文目の主語をそろえて省略
when/if	メインにサブを加える
although/whereas	対比を加える
関係代名詞	2文を関係づける代名詞

■その病気は通常は治療が可能である。危険因子がある患者には致死的となり得る。

The disease is usually curable. + The disease can be deadly in patients with risk factors.

↓つなぐ。

（1）and/butで並列に足す。後半の主語は省略できる。

The disease is usually curable **but** can be deadly in patients with risk factors.

その病気は通常は治療が可能であるが、危険因子がある患者には致死的となり得る。

（2）when/ifでメインにサブを後ろに加える。

The disease is usually curable **but** can be deadly **if** the patients have risk factors.

The disease is usually curable **but** can be deadly **when** the patients have risk factors.

その病気は通常は治療が可能であるが、患者に危険因子があると、致死的となり得る。

ifとwhenはいずれも条件を表すが、ifのほうが仮定のニュアンスが強い。

(3) although / whereasで対比する内容を加える。

Although the disease is usually curable, it can be deadly in patients with risk factors.

The disease is usually curable, **whereas** it can be deadly in patients with risk factors.

> その病気は通常は治療が可能である一方で、危険因子がある患者には致死的となり得る。

Although the disease can be deadly in patients with risk factors, it is usually curable.

The disease can be deadly in patients with risk factors, **whereas** it is usually curable.

> その病気は危険因子がある患者には致死的となり得るが、通常は治療が可能である。

althoughとwhereasはいずれもメイン部分とサブ部分を作るが、whereasのほうはメインとサブが並列の意味に近い。althoughはメイン部分が際立つ。

(4) 関係代名詞(2文を関係づける代名詞)で2文の共通部分をつなぐことができる。コンマで囲った部分がサブ情報。外側がメイン情報。関係代名詞を使った文の組み立ては、ステップに沿ってパズルの組み立てのように行う。

The disease, **which is usually curable,** can be deadly in

patients with risk factors.

その病気は通常は治療が可能であるが、危険因子がある患者には致死的となり得る。

The disease, **which can be deadly in patients with risk factors,** is usually curable.

その病気は危険因子がある患者には致死的となり得るが、通常は治療が可能である。

関係代名詞の組み立てかた

ステップ1 共通する部分を探す。

The disease is usually curable. The disease can be deadly in patients with risk factors.

ステップ2 どちらを外側に置くかを決める。外側が重要メッセージ。

The disease can be deadly in patients with risk factors. The disease is usually curable.

ステップ3 一方を関係代名詞に置きかえる（未完成）。

The disease can be deadly in patients with risk factors. which is usually curable.

ステップ4 共通する部分を近づけて、コンマでつなぐ。

The disease, which is usually curable, can be deadly in patients with risk factors.

コンマwhichは「非限定用法」と呼ばれる。特徴は関係代名詞を使った部分を取り除いても文全体のメインメッセージが伝わること（P212）。

文を正しく組み立てることができるようになれば、ゆくゆくは、このように文と文を「つなぐ」ことも容易にできるようになります。それまでは安心して、主語と動詞を並べて短くわかりやすい文を組み立てる練習に専念するのがおすすめです。「つなぎたい」と思う時期がくれば、P215の「前文の主語とそろえる」「前文で出した情報を次の文の主語にする」という主語の選択で「文と文を内容でつなぐ」ことと合わせて、文と文を実際につなぐ練習を開始するとよいでしょう。1文の情報量をわかりやすさを保持したまま増やし、さらに円滑に伝えることができるようになります。はじめから長い文を作ろうとしたり、複雑な文を作ろうとしたりするのではなく、短くシンプルな文を組み立てることが十分にできる状態から、文を少しずつ長くするのが非ネイティブが英語を上手く使うコツです。

Coffee Break

短い文をつないでみよう

　第1章の冒頭で行った英文の組み立てを覚えていますか（P69）。ここまで読み進められた読者のみなさまに、練習問題です。短く区切られた次の文と文をつないでみましょう。

Our company offers air conditioning solutions. Our headquarters are in Suginami-Ku, Tokyo. We have about 15,000 employees. We have 10 locations across the world. We are a joint venture between two major companies. These companies are both over 100 years old. Our air conditioning solutions will benefit society. Our solutions also improve sustainability.

↓

Our company offers air conditioning solutions. **Headquartered**[1] in Suginami-Ku, Tokyo, we have about 15,000 employees **and**[2] 10 locations across the world. We are a joint venture between two major companies, **which**[3] are both over 100 years old. Our air conditioning solutions will benefit society **while**[4] improving sustainability.

1 過去分詞 headquartered（〜に本社を置く）で
  つなぎました。
2 接続詞 and でつなぎました。
3 関係代名詞（非限定用法）でつなぎました。
4 接続詞 while でつなぎました。

　英文の組み立てができたら、次のステージへと進みます。次の第6章では、完成した英文を使って発話をしたり、発音を練習したりする方法を伝えます。具体的には、完成した英文を機械翻訳ソフト（例：DeepL https://www.deepl.com/translator）の音声出力（P238）や音声読み上げソフト（例：NaturalReader https://www.naturalreaders.com/）（P239）を活用して読ませてみましょう。それを真似て発音を練習し、自分の日々のスピーチに使ってみてください。

第6章

組み立てたら
スピーキングを練習する

1　英語は闇練——話す内容を準備しよう

　ここまで、英語をアウトプットする前の土台になる考え方をご紹介してきました。主語 S と動詞 V を並べて組み立てる基本的な方法（第2章、第3章、第4章）、そしてさまざまなお助けアイテムを使ってさらに厳密に、かつ詳細を表現する方法を述べてきました（第5章）。また、最終的には文と文をつなげることもできます（第5章）。さて、そのような土台ができたら、次は実際のアウトプットです。本章ではスピーキングの経験を積む方法をお伝えします。まずは伝えるべき内容を準備して英文を組み立てること。準備ができたら発話します。最後に発話の「振り返り」を行います。

【準備】	何を話すか考え、英文を組み立てる
【発話】	発話を練習する。練習が終われば「発表」する
【振り返り】	発話体験を振り返り、改善する

　【準備】→【発話】は、はじめは別々に行います。事前に組み立てた文に対してその場でさらに加えたりしながら、より多くの内容を発話します。ゆくゆくは【準備】と【発話】の時間が縮まり、同時に行う日がきます。さらには無意識に【準備】→【発話】を頭の中で行える内容が増え、そのときに「英語が話せる」状態になります。Let's try!

【準備】何を話すか考え、英文を組み立てる

話題を決めて話す内容を考えましょう。できるだけたくさんの情報を書き出す、または頭に思い描きます。話題をここでは「自己紹介」とします。

自己紹介の場合
氏名/出身地/住まい/
仕事/趣味や熱中して
いること

具体的な情報を集める
出身地：〜生まれ、〜育ち、職場、
　　　　住まいは〜
仕事：できるだけ具体的に
熱中していること：具体的に

自分の紹介なので、主語はＩで開始。主語をそろえていくつか表現したのち、途中で主語を変えてよい。

I'm Yumi Tanaka.

私の名前は田中ゆみです。

I **was born** in Kyoto and **raised** there.

京都生まれ、京都育ちです。

I **have** a small company in Kyoto.

京都で小さい会社を運営しています。

My company provides technical translation services to businesses. **We translate** patent documents from Japanese to English for foreign filings, importantly for U.S. filings.

弊社は技術翻訳サービスを企業様へと提供しています。また、日英特許翻訳をしています。特に米国などの外国出願のためです。

We also provide seminars on writing in English to businesspeople.

また、ビジネスパーソン向けの英語書き方講座も行っています。

- できるだけたくさん、考えて英文を組み立てる。
- はじめは書き出すことで細部を吟味し精度を高めておく。
- 英作に苦戦したときには機械翻訳ソフト（例：DeepL、P234）を参考にしてもよいが、自分で平易に理解できて、納得できる表現に必ず変更する（P236）。
- SVOを中心に使い（第2章）、SV・SVCも利点を活かして使う（第3章）。可能な限り細部をブラッシュアップする（第4章、第5章）。はじめは短い文を作る。ゆくゆくは情報を足し、さらには文と文をつなげてもよい（第5章）。

【発話】発話を練習する。練習が終われば「発表」する

練習：準備段階で組み立てた英文を1文ずつ口に出す。発音を機械翻訳ソフトの読み上げ機能や発音サイトで確認しながら練習する（P238）。

発表：1文ずつの練習を終えたら、複数文を使って発表する。スマートフォンのボイスメモなどに録音しながら発表する（P242）。録音することで、何分間、継続して英語で話し続けられるかを計れる。動画をとって口の動きや表情を記録してもよい。

【振り返り】発話体験を振り返り、改善する

　発話している最中にもっと話したいと思った話題はなかったか。あれば内容を追加準備する。発音につまずいた点や、表現が難しかった点はないかを振り返る。あれ

ば改良する。動詞の選択や名詞の単複の選択は適切だったかを振り返る。

　録音したボイスメモを聞いて、改善したいと思える文の構造や発音がなかったかを確認する。動画の場合は口の動きや表情も確認する。

　振り返りによって意識的な改善が可能になる。話したい内容に肉付けし、話題を膨らませる。

振り返りの例

● ボイスメモで聞き返すと translation services の発音が悪い。translation のアールとエル、services のアールの音を練習する。YouGlish や Forvo で行う（P245）。辞書で発音を調べてもよい（例：Dictionary.com P246）。

● 1分足らずで終わってしまった。全体が短いのでもう少し追加したい。プライベートの内容を含めなかったので、普段の生活から内容を足したい。自分が熱中していることを足したい。

足す内容：

Outside of work, I enjoy reading books about English and different cultures. I also enjoy walking near my house and seeing the colors of the sky. I enjoy nature and living a healthy lifestyle.

余暇には英語や異文化に関する本を読んだりしています。家の近くを散歩したり、空の色を見たりするのが好きです。自然を楽しみ、健康生活を送ることをモットーにしています。

My current passion is providing better services to our customers in Japan. I also enjoy teaching English to university students. I love helping people.

現在は、顧客へのサービス向上に注力しています。英語を大学生にも教えています。誰かの役に立てることが嬉しいです。

最後に締めくくりの言葉を足したい。

This is about me. Thank you.

自己紹介を終わります。ありがとうございます。

　足した部分も含めてはじめから再度練習。ボイスメモで再度確認をして練習を終える。発話の所要時間は１分。

細部までできるだけ正確に英文を準備する

　シンプルに英文構造を組み立てることができるようになると、細部に注意を払う余裕が出てきます。その細部を早期に克服してしまうと、少しずつ英語が怖くなってくるはずです。「大丈夫、怖くない」と思うためには、敵を知ることが大切なのです。

　一方で、こんなことを聞くこともあるでしょう。英語を話すとき、誤りを気にしすぎるあまり、話せなくなってしまうことがある。ある英語ネイティブに「日本人の英語の弱みは何ですか」と尋ねたらThey have fears.（恐れ）という答えが返ってきました。その通り、私たちは誤りを恐れるあまり、話せなくなってしまったり、会

話が遅くなったり、話すことを遠慮してしまったりするのです。さてそれでは、誤りを気にしなくてよいのか。いいえ、精密で高品質な仕事を好む多くの日本人にとって、「誤りだらけの英語でもいいから話そう」と言われても、カッコ悪いと感じてしまって積極的には話せないものです。そこで、英語を話す事前準備が助けになります。英語は闇練習が重要です。先に英文を組み立てて自分の中にストックしておく際には細部までの正確性を目指します。自己紹介に含めたい内容を具体化したら、名詞の可算・不可算といった細部にもこだわって、いつでも話せる自分の英文ストックを作っておいてください。一例をあげます。

> ■私の趣味は手芸です。ジュエリーを作ったりします。ネックレスを作って友人にプレゼントすることがあります。友人に好評です。

I like handcrafting. I handcraft jewelry. I often make necklaces for my friends. They like the gifts.

　名詞：handcrafting は動作で不可算。jewelry は集合的に宝飾品を指すので不可算。jewels なら数える。necklaces は可算。gifts も可算で、necklaces のことを指しているので定冠詞 the。

　可算・不可算の別は「区切り」を感じるかどうかで判断ができます。自分の感覚に加えて、はじめのうちは、辞書で確認しましょう。

動詞：handcraft＝〜を手作りする、make＝〜を作る、like＝〜が好き、いずれも動作対象を後ろに置く他動詞。現在形で普遍事実（今日も明日も変化がないこと）を表します。

> ■最近人工知能（AI）について学びはじめました。人工知能によって今後の世界が形作られると考えています。

I've started learning artificial intelligence (AI). AI will shape the future of our world.

(I've = I have)

　名詞（数と冠詞）と動詞（動詞の種類と時制）を確認します。名詞：AIは概念なので不可算。shape the futureは「将来を形作る」。形作るべき将来は目の前に存在しているものなので定冠詞the（P181）。動詞：startはここでは他動詞。後ろに動作を配置。時制は現在完了で「過去から今まで」を一度に表す（P122）。

　このように英文を事前に準備して組み立てるときには、細部に気をつけ、理想の姿を追求して組み立てます。準備の段階では、時間の許す限りじっくりと細部の正確性にこだわります。そして準備したものを話すときや、その場での会話ではEnjoy the experience!（その場を楽しむ）。間違っても気にせずにどんどん話しましょう。間違いは次回の成功のために復習しておくとよいですが、その場では、例えば「三単現のs」が落ちようが、時制を間違えようが気にしないことです。気にしな

い度胸を付けるためには、準備段階の精密さを高めて、自分の中でのゴールを明確に定めていることが重要です。理想像が見えない状態で誤ってしまうと、不安で自信がなくなりfears（不安）が増しますが、ゴールと理想像が見える状態で誤った場合には、冷静に「誤った、次は気をつけよう」と対処できます。

　さて、たくさんの英文を精密に「組み立て」→「発話」→「振り返り修正」する。このサイクルを地道に繰り返すことで、海外に行かなくても、どのような限られた状況であっても、少しずつ、確実に、英語が話せるようになります。

2　AIの音声から学ぶ
──Google翻訳とDeepL翻訳で発音を事前に練習

AI機械翻訳とのつきあいかた

　AI（人工知能）を利用した機械翻訳サービスの精度は上がっています。しかし、機械翻訳があるから英語を勉強しなくてもよいかというと、そうではありません。機械翻訳サービスが出力した英文をブラッシュアップして自分のものとして取り込むためには、人間が英語を使いこなせる必要があるためです。AIを使った機械翻訳サービスサイトの活用方法は2つあります。

活用①　機械翻訳を下訳（したやく）として使う。出力結果を自分で

ブラッシュアップして自分で作成できるレベルの納得
できる表現へとブラッシュアップしてから使う。

活用②　サイトに付随する音声読み上げ機能をスピーチ
の練習に活用する。

　AI機械翻訳を上手く活用できるように、最新の機械
翻訳の利点と限界を知っておくとよいでしょう。現在手
軽に使える機械翻訳のサイトは2つあります（2021年7
月現在）。

Google翻訳（https://translate.google.co.jp/?hl=ja）

　Googleが提供する翻訳サイト。テキスト（5000字以
内）、もしくはウェブページ全体を他言語に翻訳するサ
ービス。

DeepL翻訳（https://www.deepl.com/translator）

　2017年にサービスを開始した無償のニューラル機械
翻訳サービス。ドイツのケルンに本拠地を置くDeepL
GmbH社が開発。

　いずれも画面の左側のボックスに文章を入力すると、
言語を自動的に識別して翻訳が開始されます。また、途
中で入力を変更すると、即座に反映させるリアルタイム
な翻訳が行われます。機械翻訳が訳した英文には利点と
限界があります。これら2つのサービス間の違いの議論
は避け、両者に当てはまる利点と限界をお話しします。

機械翻訳の利点

- 素早く、正しく訳してくれることが多い。用語もおよそ正確。

- 言語分析による客観的な訳を出してくれるため、話し手の思い込みによる誤訳が避けられる。

- 英語→日本語はほぼ完璧に訳出。準備した英文を日本語に翻訳して意味が伝わっているかどうかを確認してもよい。

日→英で使った場合の機械翻訳の限界

- 元の日本語に近い形で英訳されることが多いため、冗長な英文となることがある。具体的には、英語は基本的に動きのある動詞（be動詞よりもアクションを表す動詞）を活かし、大きいものや大きい概念が主語になる言葉であるが（P157）、その英語の特徴が訳文に反映されないことが多い。例えば「彼女は英語の講師だ」や「彼女の声はよく通る（クリアだ）」は She is an English teacher. や Her voice is clear. と訳され、She teaches English. や She has a clear voice. と訳されにくい。後者の組み立てが望ましい場合も多い。

- 元の日本語によっては It is 構文や There is/are 構文といった複雑な構造や If や When を使った翻訳文が頻出する。

- 日本語はぼんやりした言葉、英語は明確な言葉という違いは埋めてくれない。つまり日本語に表れない「行間」が英語で表現されることはない。一例として、名

詞の単複が適切に訳されないことがある。

- 同じ日本語に対する訳語の揺れが大きい。同じ文中や複数回の使用間で用語が揺れる。例えば「講師」に対してteacherとinstructorといった揺れが生じる。

- 無料の範囲で使用する場合にデータセキュリティーの問題がある。入力したデータが翻訳サービス提供者に回収される可能性があるため、秘匿性の高い情報には使えない。

（なお、ここに記した機械翻訳の利点と限界は2021年7月の時点での筆者による実際の使用からの個人的な感想です。今後変化する可能性もあります）

必ず自分でブラッシュアップして使おう

　機械翻訳の限界を克服するために、本書でお伝えしてきた主語と動詞を上手く取り出して組み立てるシンプルな英語が有効です。機械翻訳の結果を粗い下訳ととらえて、自分の好みの英文へとブラッシュアップします。

日本語：
余暇には英語に関する本を読んだり、文化に関する本を読んだりしています。家の近くを散歩したり、空を見たりするのが好

きです。自然を楽しみ、健康的な生活を送ることをモットーにしています。

機械翻訳 DeepL の出力結果（2021 年 6 月）：

In my spare time, I like to read books about English and culture. I like to go for walks near my house and look at the sky. My motto is to enjoy nature and lead a healthy life.

（改訂したい箇所に下線）

自由に変形：

Outside of work, I like reading books about English and different cultures. I enjoy walking near my house and seeing the colors of the sky. I enjoy nature and living a healthy lifestyle.

- spare time（余暇）のspareが難しい。また、この前に仕事の話をしていて、ここで話題を変える目的でOutside of work（仕事以外では）に変更。
- I like to readはよい表現。しかしto不定詞で語数が増えるのでI like readingを選択。なお、to不定詞は「これから起こること」を表すが、I like toとI like ___ingの文脈では同義。
- cultureは辞書『ルミナス英和・和英辞典』や『Longman』によると可算・不可算の両方がある。さまざまな文化を意図するので、複数形に変更。さらにはdifferentを加えて数を強調。
- go for walks（散歩に行く）は単語数が多いためwalkに変更。like to go for walksから単語数が少ないenjoy

walkingに変更。ちなみにI enjoy walking.はI enjoy to walk.とはできない。to不定詞は未来志向で、まだ起こっていないことを楽しむことはできないのでenjoyの後ろにはいつも動名詞の___ing。

● look at the skyはよい表現だが、文字通り「空を見る」ことではなく「さまざまな色の空が目に入ってくる」と表したい。see the colors of the skyに変更。

●「モットー」を日本語でも使ったが、My motto is...よりもI enjoyのほうが簡単なので変更。

このように自分で納得できる表現に自由に変更して使用します。納得した英文に変えることで、英文を使いこなせる可能性が高まります。

完成した原稿をAIに読ませて発音を学ぶ

DeepL翻訳、Google翻訳ともにテキストを読ませる読み上げ機能があります。 英文の組み立てが終われば、AIに読ませて発音を確認しましょう。AI機械翻訳を使って英作した場合には、そのまま英語出力のボタンを押します。また、AI機械翻訳を使わずに自分で組み立て

〈DeepL〉　英語（自動検出）∨

Outside of work, I like reading books about English and different cultures. I enjoy walking near my house and seeing the colors of the sky. I enjoy nature and living a healthy lifestyle.

🔊 ← ここをクリックします。
（このマークが出ないときは本文に改行を加えると出ます）

た英文も、入力ボックスに入れて、同様に音声機能を利用することができます。

　AIの音声は英語の読み上げに関して非常に優れています。音声合成の元にしているデータの量が日本語の場合よりも多いためか、日本語のAI音声よりも英語のAI音声はより自然な発音に聞こえます。略語といった特殊なものを除いて発音自体の誤りもほとんどありません。よく聞きながら、AIの声に合わせて読んでおきましょう。音声に重ねるように、自分も発話をする方法をここで「重ね読み」と呼びます（一般的にはシャドウイングやオーバーラッピングと言います[*6]。「重ね読み」について詳しくはP259）。機械翻訳サービスが提供する音声の読み上げ速度はやや速めです。速すぎて発音についていけないという場合には、機械翻訳サービスの音声読み上げ機能ではなく、別途、スピード調整ができる音声読み上げソフトの使用を検討してください（例：NaturalReader：https://www.naturalreaders.com/ は速度が選べて便利です）。また、各単語の発音をより正確に詳しく知りたい場合には、辞書や別のツールを使って、単語ごとに個別に発音を確認します（P245）。

＊脚注6：厳密な定義としては、シャドウイングは、音声だけを聞いて影（シャドウ）のように音を真似してついていく練習方法です。オーバーラッピングは文字を見ながら重ねて読む練習方法です。ここでは文字を見ても見なくてもよいので、取り組みやすい方法で英語を口に出してみることが大切です。本書では音に重ねるように読み上げていく、という意味でシャドウイングやオーバーラッピングのことをこの先も「重ね読み」と呼びます。

機械翻訳時代？
そもそも英語が話せる必要性はあるのか

　機械翻訳の精度が上がったこれからの時代、そもそも英語が話せるようになる必要があるのかという議論があります。機械がコミュニケーションを交代してくれるのではないかと考える人もいるでしょう。しかし、機械を活用しつつも、実際に言葉を使う人間は、機械が出力した言葉を自由に変更できる力が必要です。

　その理由は3つ。1つ目は、機械翻訳は精度が上がったとしても、英語と日本語のギャップまでは埋めてくれないためです。日本語はぼんやりした言葉、英語ははっきりした言葉（ハイコンテクスト・ローコンテクストともいわれます。P46）。そもそも英語化ができないような文脈も多くあります。不具合に気付き修正したり具体化したりする力がないと、誤ったコミュニケーションが行われてしまいます。

　2つ目は会話の速度です。機械翻訳を使ってある程度円滑に仕事を進めることができるかもしれませんが、機械を毎回立ち上げて準備し、機械を通して行う時間のずれによってコミュニケーション速度が落ちます。会話では微妙な「間」や誰がどのタイミングで発話をするかも重要な要素です。タイミングよくリアルタイムに伝えるためにも、機械翻訳に完全に頼らなければならない状況ではなく、機械も便利に活用する一方で、生の自分でも伝えるべきことは英語で伝えられる状態にする必要があります。

　3つ目は、「人どうしの交流」が最後にはビジネス・プライベートの両方で効いてくること。2020年パンデ

ミックを通じて、人どうしの触れあいが減った「オンラインの世界」を多くの人が体験することになりました。はじめはそれもよいと思いました。オンラインの会議でも十分に仕事が進められ、かつ効率的。一方で、その流れが深まるにつれて、逆に人間どうしの本来の交流が貴重であることもわかりました。機械にすべてを任せてコミュニケーションするのではなく、重要箇所や人と交流すべき箇所ではしっかりと自分で英語を使って発言できる力をつけることが大切です。

3 いざ、発表はボイスメモとオンライン英会話

英語の発話は非ネイティブにとってはいつも「プレゼンテーション」

　話す内容の組み立て準備が終わり、発音の練習が終わったら、それを発話する機会を作りましょう。日常や仕事で英語を使う機会がある場合には、それぞれの機会が発表の場となります。その機会が少ないまたはない場合には、発表の機会を自分で設けることが大切です。その一例がボイスメモへの1人での発表とオンライン英会話の活用です。英語を話すということは、非ネイティブにとっては「会話」というよりは「プレゼンテーション」です。はじめは周到に準備をして、話せる自分を演じるつもりで取り組みます。話せる自分を作り込んでいるうちに、少しずつ本当に話せるようになる。「プレゼンテーション」の気持ちで取り組むことで、口も大きめに開

き、声もお腹の底から出すことができます。その結果、聞き取りやすい英語になります（P248）。

ボイスメモに録音して自分の１人英語プレゼンを聞く

　英文を組み立てることができたら、それを発話します。相手がいる状況ではなく１人で行う場合には、スマートフォンのボイスメモ（Apple社のアプリ）などに録音します。スマートフォンのボイスメモに録音されたスピーチの音声は、英語の発音が上手くできているかを判断するのに最適です。ボイスメモの録音音声は、丁度マイクを通したオンライン会議のような聞こえ具合です。オンライン会議では、通常の対面の会議よりも細かい発音や口の動き、吐息に至るまでをマイクが拾って聞こえることがありますが、それと似た音声がボイスメモに録音されます。英語の発音や滑舌を自分で確認することができます。また、ボイスメモでは録音の合計時間も表示されますので、何分英語を話し続けられたかを計れて便利です。

　自分の発話を記録したら、自分でチェックします。聞き取りにくい発音はないか、大きな文法誤りをしなかったか。録画の場合には口の動きや表情、アイコンタクトも適切かを確認します。「目指す英語を話す自分」に近づけることを毎回確認します。誤っているところや不適切と思うところがあれば、機会を重ねて修正します。

　ボイスメモ
　この方法は、筆者が英語でプレゼンテーションをする

機会があったときに開始したもので
す。はじめは発話の時間を計る目的で
行っていましたが、英語のアウトプッ

トの確認に「ボイスメモ」が有効であることがわかり、
かつ手軽にできるために日々の練習としても続けるよう
になりました。声を出せるときならいつでもできる練習
法のため、忙しい日々の中でも隙間時間を見つけて行い
ます。「今日はこのことを話してみよう」といった軽い
テーマを自分で決めて話すことができます。「スピーチ
を終えたら自分で確認する」という評価付きのため、練
習が「やりっぱなし」にならず、効果的です。

　なお、筆者は「Simple English for Everyone（シンプ
ル英語のススメ）」というテーマで2015年にTEDxKyoto
Universityで英語スピーチを行いました[*7]が、そのときに
も、スマホのボイスメモを使って毎日スピーチを練習し
ていました。そのため、6年たった今でも、スラスラと
当時のスピーチ内容が口から出てきます。同じ内容のス
ピーチを繰り返し発話することで、頭で考えなくても、
口が覚えて英語がスラスラと出てくるのです。それを繰
り返すうちに、話せるようになってきたと感じられるこ
とでしょう。「話す」ことは「頭」と「口」の共同作業で
す。「頭」だけを動かしていてもできない。「頭」を使い
ながらも、「口」をたくさん動かすことが大切です。

＊脚注7："Simple English for Everyone" TEDxKyotoUniversity
　　　　https://www.youtube.com/watch?v=24Tzq9sdTas

オンライン英会話を活用して発表する

　日々の英文の組み立てと１人での英語のプレゼンテーションを行った上で、実際に人と話してみる機会として、オンライン英会話を利用するのもよいでしょう。オンライン英会話には講師が常に待機していて思い立ったらすぐに開始できるものもあります。夜中や早朝、いつでも思い立ったときに、英語学習の延長として、実際に発表して、フィードバックをもらえれば、より学習の動機も高まります。スピーチを発表するときには、オンライン英会話の講師に「Today, let me talk about ___.（今日は〜について話させてください）」と伝えて、スピーチをチェックしてもらいましょう。「Correct me if you hear any mistake.（誤りがあったら、正してください）」や「Correct my pronunciation.（発音が間違っていたら教えて）」などと事前に要望も伝えて行いましょう。また、スピーチが終わったら「Do you have any questions?（質問はありますか）」と聞いて、スピーチに追加すべき話題の提供も講師に求めるとよいでしょう。また、場合によっては文字データをチャットに貼り付けて見せながらスピーチを行うこともできます。文字原稿も合わせてチェックをその場で受けることもできます。オンライン英会話では、自分の要望をはっきりと伝えてレッスンを受けることが大切です。時間を有効活用できるよう、遠慮せずに要望を伝えましょう。

　またオンライン英会話でも、その場で終えてしまうのではなく、音声をあとで確認するために録音することが

おすすめです。ここでもボイスメモを使い、少なくとも自分の声を録音しておきます。スピーチを中心に部分的に録音するのも便利です。「振り返り」は先に述べた自分の１人英語プレゼンの場合と同様に行います。

単語の発音を個別に確認する

　発表の前後いずれであっても単語の発音を個別に確認することが重要です。発話の振り返りとして、発音しにくかった単語、上手くできなかった単語を練習します。以下の３つのサイトがおすすめです。英単語の音声が流れたら、よく聞き、真似て繰り返し発音します。

YouGlish（https://youglish.com/）

　発音を知りたい単語を入力箇所に入れると、その単語が入っている動画を集めて抽出してくれるサイトです。スピーチ中での単語の音声を得られるので、単語単体の音声ではなく前後の音との関係も学べて有益です。順に動画を送ればさまざまな動画での生の英語から、希望の単語の発音を確認できます。米国、英国、オーストラリア、カナダ、などと国を選択することもできます。スクリプトも表示されるので、興味があればそのまま動画を見ることも勉強になります。

Forvo（https://ja.forvo.com/）

　単語の発音を確認することができます。複数国から、複数の個人の発音が入手できる場合が多くあります。ス

タンダードな１つの発音ではなく、さまざまな発音を確認したい方におすすめです。

Dictionary.com（https://www.dictionary.com/）

　オンライン辞書の一例です。辞書の音声機能を活用します。発音記号とともに単語の音声を確認でき、手軽に発音を調べることができます。Dictionary.com（ディクショナリードットコム）は名前が覚えやすいのでいつでも検索できて便利です。

　辞書については、Dictionary.comに限らず、手持ちの電子辞書やさまざまなオンライン辞書に単語の発音の読み上げ機能があればどれを使っても問題ありません。

英語を話すための「声」と「度胸」も準備しよう

　英語を話すために意識すると効果的なのは「滑舌」と「お腹の底から出す低い声」です。日本語になくて英語にある「音」の種類を認識することです。さらには「口の動き」を「ゆっくり、なだらかにつなげる」ことです。

　日本語は英語よりも音の種類が少ない。また、口の動きが英語とは異なります。具体的には、日本語では１つの音、例えば「あ」を出すために、その口の形を作り、それから「あ」と短く発話します。次の音が「い」であれば次にその口の形を作り、「い」と短く発話します。

　英語は日本語よりも子音も母音も種類が多い。特に母音は種類が多く、日本語と同じ「あ」だけでは音が足りません。日本語に欠落している英語の音を一つ一つ真似

ることで補う必要があります。

　次に口の動きです。英語では1つの音を出すために、その音が出る口の形を作り「ながら」発話し、さらには発話し「ながら」次の音へと口の形を変えます。そこで、日本語が「ブツブツ」と切れた音がするのに対して、英語では口の動きがつながり「流れるような」音を作ります。

　加えて、日本語が「平坦」な音で発音するのに対して、英語は強弱の差が大きく、強いイントネーションがあります。

　そのような違いにより、日本語でいうところの「口を大きくあけて滑舌よく」を心がけると、英語を発音しやすい口の動きになります。

　最後に声のトーンです。日本語は、声の高低は個人の好みや声質によるという印象ですが、英語で話すときは「声の低さ」「太さ」が大切です。お腹の底から出る低い声を意識すると、聞き取りやすい英語の声になります。日本語で話すときの声が「高い」または「小さい」と感じている人は、時には英語を話すために「発声練習をする」こともおすすめします（P248）。

　個々のアルファベットの「発音」については、世界にはさまざまな英語がありますから、一つ一つの発音を気にしすぎるよりは、国際的に伝わる発音とイントネーションを最低限おさえた上で、落ち着いて話すことに注力することがおすすめです。

英語を話す「声」を準備しよう

　英語の大切な要素に「声」があります。滑舌よく大きく通る声を作ることが聞き取りやすい英語を作ります。お腹の底から出す低めの大きい声が必要です。英語を話す前に発声練習をするのも効果的です。第一声目から「いい声」が出るように声を作っておくとよいでしょう。

1 肩幅に足を開いて立つ。
2 遠くに声を「飛ばす」イメージで、「アー」と発音する。その際、口自体を大きく開くのではなく、「喉の奥」を開くことが大切。例えばハンカチを口にくわえることで口を軽くふさいだ状態で発声を行うと、口自体ではなく「喉の奥」が開くことが体感できる。息継ぎをしながら1分～3分続けて行う。喉の奥が開き、声が出やすくなる。

第7章
リーディング・リスニング・ボキャブラリも合わせて伸ばす

1 動詞をハイライトしてどんどん読もう

　本書で扱ってきた主語 S と動詞 V の組み立ての方法は
リーディングにも使えます。主語の後に配置する動詞で
文の構造を決めることをお伝えしてきました。リーディ
ングでは、前から順に区切って動詞を探しながら読んで
いきます。動詞が見つかれば、頭の中で、または実際に
ハイライトを付けて読み進めます。

　一例として「ボイス・オブ・アメリカ（https://www.
voanews.com/）」（米政府が運営する国営放送）のウェブサイ
トの記事を読みます。まずはタイトルです。

EPA Moves to Eliminate Powerful Greenhouse Gases from
Refrigerators, Air Conditioners

読み方：EPA（アメリカ合衆国環境保護庁）は動く。パワ
フルなグリーンハウスガスをなくすために。冷蔵庫やエア
コンから。

　タイトルにも動詞がありました。動詞 Moves にハイ
ライトを付けました。前から区切って読み進めることが
できました。読むときは決して後戻りせず、左から右へ
とどんどん読み進めることが大切です。次に本文を読ん
でみましょう。

　説明の便宜上、英文の下に日本語を記載しますが、実

際に読む時には、日本語を書き込むことは控えます。頭の中での日本語への変換も控えて「powerful greenhouse gases＝パワフルなグリーンハウスガス」などとカタカナ語の使用にとどめて読み進めます。また、知らない単語があってもできるだけ辞書で調べずに読み進めます。何度も出てきてどうしても調べたい単語は辞書で調べてもよいですが、日本語訳を単語の下に記入することは控えます。記入しても覚えられることは少なく、リーディングが進まなくなるためです。

---

[1]The chemicals that cool your refrigerator are warming the planet, but the U.S. Environmental Protection Agency on Monday announced rules to phase them out.

[2]Hydrofluorocarbons (HFCs) are found in refrigerators, freezers and air conditioners worldwide. [3]They can be hundreds or thousands of times more potent than carbon dioxide in terms of their planet-warming potential.

[4]Eliminating HFCs worldwide would avoid half a degree Celsius of global warming, as they are among the most potent contributors to climate change. [5]All greenhouse gas emissions to date have warmed the planet about 1.1 degree Celsius. [6]The U.N. Paris climate agreement aims to limit warming to 1.5 degrees Celsius. 続く

https://www.voanews.com/economy-business/epa-moves-eliminate-powerful-greenhouse-gases-refrigerators-air-conditioners

---

　文のメインとなる動詞を探しながら、前から区切って読みます。

● [1]The chemicals that cool your refrigerator are warming the planet, but the U.S. Environmental Protection Agency on Monday announced rules to phase them out.

The chemicals that cool your refrigerator
化学物質、あなたの冷蔵庫を冷やす化学物質が

are warming the planet,
暖めている。この惑星（＝地球）を

but
しかし

the U.S. Environmental Protection Agency
アメリカ合衆国環境保護庁（EPA）は

on Monday
月曜日に

announced rules
ルールを発表した

to phase them out.
それら化学物質を徐々に廃止するルールを

（phase＝段階的に行う　out＝「外へ」を表す前置詞
phase out＝〜を段階的に廃止する）

● [2]Hydrofluorocarbons (HFCs) are found in refrigerators, freezers and air conditioners worldwide.

Hydrofluorocarbons (HFCs) are found
ハイドロフルオロカーボンが見つかるのは

in refrigerators, freezers and air conditioners
冷蔵庫、冷凍庫、エアコンである

worldwide.
世界中の

◉ ³They can be hundreds or thousands of times more potent than carbon dioxide in terms of their planet-warming potential.

They can be hundreds or thousands of times
ハイドロフルオロカーボンは数百または数千倍

more potent
強力

than carbon dioxide
二酸化炭素よりも

in terms of their planet-warming potential.
地球温暖化の可能性が

◉ ⁴Eliminating HFCs worldwide would avoid half a degree Celsius of global warming, as they are among the most potent contributors to climate change.

Eliminating HFCs worldwide would avoid
世界中のハイドロフルオロカーボン除去で避けられるのは

half a degree Celsius of global warming,
0.5℃の地球温暖化

as they are
ハイドロフルオロカーボンは

among the most potent contributors
最も寄与しているものの1つ

to climate change.
気候の変化に

● [5]All greenhouse gas emissions to date `have warmed` the planet about 1.1 degree Celsius.

All greenhouse gas emissions
すべてのグリーンハウスガス排出は

to date
現在まで

`have warmed` the planet
地球を暖めてきた

about 1.1 degree Celsius.
約1.1℃

● [6]The U.N. Paris climate agreement `aims to limit` warming to 1.5 degrees Celsius.

The U.N. Paris climate agreement `aims to limit`
国連パリ気候協定が制限しようとしているのは

warming to 1.5 degrees Celsius.
温暖化。1.5℃までを目指している

　このように、動詞にハイライトを付けながら前からどんどん区切って読むことで、確実に内容を理解することができます。知らない単語は飛ばしても問題ありません。英文全体を眺めるのではなく、前からブロックの固まりととらえて少しずつ理解します。主語と動詞、特に動詞を探すことで、文構造が読み取りやすくなります。

動詞表現を吸収
　文を読み取った後に最後に学習として行っておくとい

いのは、動詞を中心に表現を吸収すること。1つの記事に次の動詞が出てきました。使えそうなものがあれば、次に自分で英文を組み立てるときに使います。意識的に動詞に着目して吸収し、この動詞は「見たことがある」という状態にしておくことが重要です（P267）。

記事に登場した動詞

move	動く
warm	〜を暖める
announce	〜を発表する
are found	見つかる
can be XX times more Y than...	〜よりもXX倍Yであり得る
avoid	〜を避ける
aim to...	〜を目的とする
limit	〜を制限する

1つの動詞に対して2種類の時制が使われている点も確認しておきましょう。are warming the planet（現在進行形）と have warmed the planet（現在完了形）です。現在進行形で「今まさに温暖化している様子」を、現在完了形で「これまでの状況を今に焦点を当てて」を表しています。

読みたい英文を探して吸収しよう

リーディングを通じて英文を吸収することで英語学習は加速します。動詞にハイライトを付けながらどんどん読んでいくことをおすすめします。読む英語の記事は、

先に使った「ボイス・オブ・アメリカ」(Voice of America、略称VOA) 以外にも、興味に合わせた生の教材がおすすめです。音楽が好きな人は音楽、スポーツが好きな人はスポーツ関係の読み物、サイエンスが好きな人は理系の読み物を探してみましょう (P284)。

　また、動詞に着目しながら英語を読み進められるようになれば、利用できる情報量が格段に増えます。日本語に訳されていない情報や日本に入ってこない情報も含めて、直接どんどん読んでいくことができ、目の前に広がる世界が大きく変わります。

2　主語と動詞に耳をすませて聞く

リスニングでも動詞を探そう

　リスニングができないと悩む原因は2つあります。「そもそも英文の内容が理解しづらい」場合と「音として聞き取れない」場合です。

「英文の内容が理解しづらい」場合とは、話された内容を文字で読んだとしてもわからない場合です。内容に興味が持てない、文構造がわからない、単語がわからない、など理由はさまざまです。文字で読んでも内容がわからないとしたら、いくらリスニングで耳を鍛えたとしても理解できません。先に触れた「リーディング」を鍛えて内容を読み解く力を付ける必要があります。

　もう1つはまさに「音が聞き取れない」場合です。単

語１つ１つの発音が意味に結びつかないときには、先の辞書や発音のサイト（P245）で「読み」を確認します。聞き取りにくい理由の１つに、単語と単語の音がつながることがあげられます。先にもお伝えしたとおり、英語は「口の動きをつなげて発音しながら」１つの音からもう１つの音へと移行するため、音が融合するのです。ほぼ同じ音声に聞こえるけれど意味の違う単語や、あるいは語尾変化や単複の形の違う単語を表しているような場合もあります。少しの音の違いと「文脈」つまり「状況」から判断をして意味を区別します。

　そのような音声を私たち非ネイティブが聞き取るためには、全体を満遍なく聞くのではなく、細部を落としてもよいので「文構造」を聞き取ることが大切です。知らない単語や聞き取れない部分があったとしても、そのために全体がすべてわからなくなる、という聞き方ではなく、聞き取れなかった部分を予測し、聞き取れなかった単語を飛ばして文意を理解することを目指します。そのためには、「わからない単語がどれ」で「わかった単語がどれか」をまず把握できるようにならなければなりません。その英語リスニング方法は、実は先に紹介をしたリーディングの対処法と同じ「動詞探し」です。リーディングと同様に、「動詞」が見つかれば英文構造を格段に把握しやすくなります。

構造がわかれば敵（聞こえない部分）も怖くなくなる

　動詞を意識的に探して聞くことで、文構造がわかるよ

うになったら、どこを聞き逃しているかが把握できるようになります。そうすれば、多少知らない単語があったとしても、全体の文意を理解しながら内容についていくことができるようになります。また加えて、知らない単語が出てきたときに、What's that?（何て言いましたか）と尋ねたり、I understood only a part of that.（部分的にしか理解できませんでした）などと正直に相手に伝え、説明を求めることも可能になります。

　1つの文に動詞は1つ程度です。また、よく使う動詞はある程度決まっています。動詞を探すことは他の品詞に気を配るよりも簡単です。さらには、主語と動詞を一致させる文法事項、つまり「三単現のs」や「am/areといったbe動詞の変化」や、現在完了形や過去形といった時制で動詞であることがわかったり、さらには話者の気持ちが表される助動詞が置かれることもあり、動詞を聞き逃さずに追うことができます。さらに、例えば文頭にPossibly,（多分）などと話者の気持ちを示す表現が聞こえたとしたら、「〜するでしょう」が来そう、などと動詞にまつわる修飾が聞こえたら文脈を予測することも役に立ちます。

　さらに、本書の冒頭や随所でお伝えしてきたように、英語は合理的な言葉で、前から順に少しずつ情報が出てくるはずです。はじめから終わりまで全部を聞いてから文を頭の中で組み立てるといった聞き方をせず、「聞こえた単語までの意味を把握したら、即座に頭から捨て去る」

イメージで文構造をとらえて聞き進めることが可能です。

　筆者は「動詞探し」を意識しながらリスニングを行ったところ、それまで難解に感じていた「固有名詞」を平易に特定することができるようになりました。固有名詞は、ある程度リスニングができるようになったあとも、最も聞こえにくいものの1つです。知らない単語であることがほとんどで、発音もさまざまです。TOEICのリスニング試験でも、固有名詞が配置されると、受験者がペースを乱され、全体が聞き取りにくくなるケースがあります。そのように、英語を聞くことに緊張していると心が乱されがちな「固有名詞」や「知らない単語」がどこに配置されたかを把握し、落ち着いて「固有名詞のようだ」「知らない単語だった」と理解しながら聞き進める力を付けるためにも、動詞を探し、文構造を把握しながら聞くことが重要です。

字幕付きの短い動画を何度も見よう
合わせて「重ね読み」する

　さて、動詞を探して聞く方法を実践するために、まずは自分にとって何が聞こえていないか、またどのような英文が理解しづらいためにリスニングが弱いと感じるかを自分で理解することが大切です。そこで、リスニングの練習を行う際には、短い動画を探し、英語の字幕を付けながら繰り返し聞きましょう。動画は少しでも内容に
（「重ね読み」の定義についてはP239脚注6）

興味が持ちやすいものがよく、学習用のテキストからの動画や音声よりも、YouTubeなどで現実の世界の動画を探すのがおすすめです。字幕は公式な字幕がついていればそれを「オン」にし、ついていなければYouTubeの「自動生成」をオンにします[*8]。再生速度は「標準」が望ましいですが、速いと感じるものについては、はじめは0.75倍や0.5倍などで行ってから、徐々に標準に近づけます。

　ＷＨＯ（www.who.int）が2020年に公開した動画、2分9秒です。
　タイトル：How to wear a fabric mask safely
（布マスクを安全に着用する方法）
　https://www.youtube.com/watch?v=9Tv2BVN_WTk

As you remove the mask, pull it away from your face.

　字幕を見て文字で確認しながら聞きます。約2分の動画から一部の文を抜粋します。「～してください」という動詞からはじめる命令文が多い動画となります（P164）。

A fabric mask **acts** as a barrier to **prevent** the spread of

＊脚注 8 ：「自動生成」はYouTubeの音声認識技術を利用して自動的に動画の字幕を作成する機能です。単語によっては正しく認識されないことがあります。

the virus.

> 布マスクが　働きます（act）。バリアとして
> 防ごうとします　ウイルスの拡散を

このように、動詞を探しながら、聞いたところは頭の中から捨て去ります。情報をどんどん受け取りながらリスニングします。説明のために日本語を付していますが、実際には頭の中で日本語にする必要はありません。「ファブリックマスクが　アクトします。ウイルスのスプレッドを防ぐバリアとして」のように、カタカナ語への変換にとどめておき、ほとんど英語のままで理解するのがおすすめです。

リスニングの際、聞いているだけでは英語に集中しにくいので、ここでも口に出して「重ね読み」するのが効果的です。音を真似ながら英語の音声に重ねて読みます。「声を出す」ことで、聞く集中力を維持できます。

（中略）

When **wearing** a fabric mask, **clean** your hands before putting it on.

> 着用するとき　布マスクを
> 手を洗ってください　身に着ける前に

Inspect the mask and **do not use** it if it is damaged or dirty.

> マスクを点検します　使わないで　破れていたり、汚れていたら

Cover your mouth, nose, and chin.

覆います　口、鼻、あごを

Adjust the mask to your face, **leaving** no gaps on the sides.

マスクを調節して、顔に合わせます
横に隙間（ギャップ）を残さない

Avoid touching the mask while wearing it.

避けます　マスクを触るのは　着けているときに

（中略）

Remember that a mask alone **cannot protect** you.

覚えておいて　マスクだけでは　あなたを守れないことを

　使われている動詞はいずれも簡単で効果的なものばかりです。また、文構造は平易です。a mask alone cannot protect youでは「無生物」を主語にした簡単な組み立てパターンが使われていました。日本語の発想から出てきそうな Even if you wear a mask, you cannot be protected enough.（マスクをしたとしても、対策は十分でない）よりもずっとシンプルです（P161）。

　リーディングの練習のときと同様に、最後に動詞に着目して使えそうなものを収集しておきます。気に入った文があれば、自分の内容に置きかえ、使えるように言いかえておくのがおすすめです。

　　例：A mask alone cannot protect you.
　　　　→自分で使いたい文に変更。

A mask alone cannot protect us. **The vaccine may protect** us more effectively.

マスクだけでは安全ではない。ワクチンがより効果的かもしれない。

紹介した部分に登場した動詞

act ふるまう	prevent 防ぐ	wear 着用する
inspect 点検する	use 使う	cover 覆う
adjust 調節する	leave 残す（隙間を残す）	avoid 避ける
touch 触れる	remember 覚えておく	protect 守る

　このようにして、リスニングを通じて文脈からスピーキングに使える表現もボキャブラリも増やすのがおすすめです（P267）。

発音矯正とリスニング強化には
毎日の「重ね読み（シャドウイング）」が最も効果的

　発音はどうやって身に付ければよいか。リスニングを強化する方法は。この多く聞かれる２つの問いに答えを出してくれるのが、音声を追いながら口に出して読む「重ね読み」です。聞こえた音声をそのまま口に出す、という単純な練習方法です。数ある英語学習の中で、学習者の負荷が最も少なく、対時間と対負荷の効果が最も高いと筆者は考えています。継続して行えば、英語のリズムとイントネーション、細かい発音までを身に付ける

ことができ、加えてリスニングまでができるようにな
る、ある意味魔法のような学習方法です。

　自分の英語レベルに対してプラスαの負荷をかけて行
います。少し難しいと感じる以上のレベルの音声を使い
ます。はじめは音声についていけなくても、口を動かし
続けることが大切です。速い音声と少し遅めの音声を組
み合わせて行うと、飽きずに続けることができて効果的
です。

「重ね読み」に慣れるまでは、聞いた音声をそのまま口
に出すことに負担があると感じる人もいるでしょう。そ
の場合には、同じ「重ね読み」を日本語でも行ってみて
ください。日本語の音声を聞きながら口に出すことに慣
れてくると、頭の中の何かの回路が開通し、耳に入った
ものをそのまま口に出すことに慣れてきます。そうすれ
ば、英語での重ね読みも上手くできるようになります。
日本語の重ね読みをするとよくわかるのですが、音が聞
こえた時点では何の単語か認識できなかったのだけれ
ど、自分が真似て発音し終わった瞬間に単語がわかり、
内容が理解できた、という現象に気づきます。英語の
「重ね読み」でも同じ。音を真似てみると、英語を発音
し終えたときに、単語が聞こえてくることに気付くでし
ょう。繰り返しているうちに、英語のリズムがまさに体
に入り込みます。英語の細やかな発音矯正もでき、さら
にはリスニングにも効く。素晴らしい学習法でありなが
ら、慣れてくれば集中しなくても可能になり、別の用事
などをしながらでも声さえ出せれば、隙間時間を使って

取り組める学習法です。

　ここでも、状況が許す場合には、ボイスメモで録音することがおすすめです。ボイスメモを立ち上げた状態で、ボイスメモを使用している機器とは別の機器（例：タブレットやパソコン）でイヤホンを使って「重ね読み」をします。真似る対象の音声にイヤホンを使うことで、自分の声だけが録音されます。「振り返り」として、重ね読みのできばえを確認します。言えていないところが多くあることに気付いたり、逆に綺麗に真似て発音できているところに気付いたりできます。重ね読みの録音は毎回でなくてよいので、学習効果の確認のために月に1回や数週間に1回など、定期的に行うとよいでしょう。

「重ね読み」はいつ行う？
　①YouGlish（発音確認サイト）で調べたついでに重ね読み
　②毎日寝る前にYouTubeでニュースを重ね読み
　③定番のお気に入り動画を定期的に重ね読み

　先に紹介した発音サイトYouGlish（P245）で発音を調べたついでに、そのまま動画をいくつか見て、重ね読みしておくと便利です。また、短い時間で効果をあげるためには、毎日YouTubeで英語ニュースの動画を数分でも重ね読みするのがおすすめです（ニュースの動画の利用方法はP293）。また、お気に入りの短めの動画をいくつか持っておき、定番の動画を定期的に重ね読みすることがおすすめです。

定番のお気に入り動画で行う場合、はじめ聞き取れなかった動画も繰り返すことで聞き取れるようになり、最後には覚えてしまうので、別の機会に自分が話しているときにフレーズが口から出てくることがあります。例えば筆者は過去に仕事中の雑談でアメリカ人と話していたとき、「Money can't buy happiness.（お金で幸せは買えない）」と自然に口から出てきて、自分でも驚きました。すると相手は、No? But it can buy many things.（そう？　でもいろんなものが買えるよ）と応答しました。このフレーズは、あるTEDトーク（P291）の3分の動画からでした。原文は^{*9}「Money can't buy happiness. No. But it can buy Prozac.」です。「お金で幸せは買えない」と相談にきた患者に、医者が「そうですね。でも抗うつ剤Prozacは買えるよ」とうつ病の薬を処方した、という文脈でした。元の動画とそっくりな会話が自然に再現されたので、驚きました。

＊脚注9：Success is a continuous journey（https://www.ted.com/talks/richard_st_john_success_is_a_continuous_journey）

Coffee Break ☕

日本語の「重ね読み」で標準語が話せる？

　筆者は「重ね読み（シャドウイング）」に効果があると確信していますが、その理由は、日本語での「重ね読み」が日本語のなまり矯正に役立ったためです。東京方面での講義の機会を多く抱えていたとき、出身地である京都の発音が日本語に出ることを気にしていました。そこで、「なりたい理想の自分」を頭に浮かべて、NHKの日本語ニュースを毎日重ね読みしたのです。そうしましたら、

標準語を真似て使って仕事ができるようになりました。「理想の話し手を見つけて真似る」という手法は、もちろん、英語にも応用可能です。「このように話したい」と思う好みの英語スピーカーを探して是非「重ね読み」に取り組んでみてください。

3 ボキャブラリは出合って使って増やそう

　先のスピーキング、リーディング、リスニングを通して、新しいボキャブラリに出合いました。ボキャブラリは単語帳を丸暗記するものではなく、文脈の中で覚えていくものです。そこで、知らない単語は使わない、くらいの意気込みで、ボキャブラリについてはあまり気負わずに自分に必要な分野の単語が自然に増えるのを待ちましょう。特定の単語を知らなくても、発話のときには別の方法で言い換えることができますし、リスニングでは、聞き返して別の単語で説明してもらうことが可能です。スピーキング、リーディング、リスニングの練習をしているうちに、自分の興味のある分野や話題に関する主要なボキャブラリはすぐに、ひと通り登場するでしょう。自分にとって必須のボキャブラリは思いのほか限られています。非ネイティブである以上、実際はその先も膨大な量のボキャブラリが存在していますが（P274）、あまり心配せず、楽しみながら少しずつ増やすとよいでしょう。非ネイティブの私たちはボキャブラリが弱点と考え必要以上に恐れてしまいがちです。しかし、英語ネ

イティブであっても、ボキャブラリは常にアップデートしていると聞きます。言葉は変わりゆくもの。英語ネイティブであっても、新しい言葉は知らない人も多く、言葉の変化に心をオープンにしてボキャブラリを学んでいるそうです。そんな風に気楽に考えて、私たちも心をオープンにしながら、新しいボキャブラリを少しずつ使って学んでいくとよいでしょう。

１つの単語から他の単語を連想して増やす

　そうはいってもボキャブラリを効果的に増やしたいと思っている人は多いでしょうから、ここではボキャブラリを効果的に増やす方法をお伝えします。１つの単語を「種」にして、関連する単語を連想して記憶に残すというやり方です。いくつかの方法があります。

シソーラスで同義語を増やす

　例えば日本語で「自習」というとき、別の言い換えがあるかな、と考えることがあるかもしれません。そんなときに自分で「独学」や「独習」などと別の言葉を思いつくときはよいのですが、思いつけないときに使うのが「類語辞典」です。「独学」「独習」「自律学習」「自己学習」「学問に努め励む」「自学」などと豊かな表現が辞書には出てきます。同じことを英語でも行います。スピーキングの準備のために「英文の組み立て」を行う際に、使用する単語の幅を広げたり、より簡単な単語やより厳密な単語を調べたりするために使用します。

例えば「講師」はteacher以外に何があるかな、と考えた場合にteacherを類語辞典で検索します。assistant、lecturer、tutor、coach、professor、educator、scholar、faculty member、schoolteacher、instructor、supervisorが代表例として出ました。「講師が〜と言った」という文を組み立てるならThe teacher said ＿＿．に加えてThe tutor said ＿＿．やThe instructor said ＿＿．とできる。自分で使いたい単語を選ぶ過程で、単語の幅を広げることができます。

　類語辞典（英語ではThesaurus〈シソーラス〉）の一例としては、先に紹介をしたDictionary.com（ディクショナリー・ドットコム）（P246）と同じサイト内にThesaurus.com（シソーラス・ドットコム）があります（https://www.thesaurus.com/）。Thesaurusのスペルは難しいので、平易なDictionary.comのほうのサイト名を検索してThesaurus.comへと飛ぶのがおすすめです。

　ここで留意したいのは、類語辞典はあくまで「よりし

っくりくる単語を探す」ことが目的です。調べたとき、はじめて見る単語には手を出さず、知っている単語の中からよりよい表現を使います。

　なお、類語辞典（シソーラス）で似た単語をざっと見渡す習慣をつけておけば、少しずつ「見たことがある」単語が増えます。「見たことがある」という単語が増え、それを別の場所で再度目にしたときや実際に使ったときには、その単語が記憶に残る可能性が高くなります。そうすれば、連想しながら単語を増やすことができます。

品詞違いのファミリー単語を増やす

　1つの単語がさまざまな品詞へと広がることが多くあります。例えばteach（教える：動詞）の名詞形はteacher（教える人）とteaching（教示：厳密には動名詞）です。

　communicate（伝える：動詞）にも、名詞communication（交流）とcommunicator（通信機器）といった品詞違いのファミリー単語があります。

　新しい単語に出合ったら、日本語に訳さず、カタカナ語での発音にとどめておきます。例えば先のマスクの動画（P260）でinspectとあれば、inspect＝「点検」という漢字の対応ではなく、「インスペクト」や「inspect the mask（マスクをインスペクト・調べる）」と理解しておきます。そのように理解をすることで、次にinspection、つまりインスペクションが出てきたときに先のinspectという動詞の名詞形であることが理解しやすくなります。品詞違いの単語から連想することで、1つの単語を種に

してボキャブラリが増えます。

カタカナ語から増やす

　また、カタカナ語から連想したり、知っている似た名詞から連想してボキャブラリを理解することもできます。例えば第5章の名詞の練習でthe UK's G7 Presidencyという単語が出てきました（P185）。「英国のG7のPresidencyとは何？」と思ったとき、president＝プレジデント、社長、大統領、などがあるから、presidencyは何か上位に関連すると予測できます。the UK's G7 Presidencyは「G7議長国としての英国」という意味でした。

　かつてはカタカナ語と英語のずれが多くありました。例えばmansionは「大邸宅」であって日本語の「マンション」とは異なってしまう。日本の「マンション」はcondominiumなど。そのようなずれが多く見られましたが、現在はカタカナ語がそのまま英語と対応する場合が増えています。日常的に使っているカタカナ語と結びつけることで、使える英単語が大幅に増えます。

　例えば「レスポンスがよい」や「レスポンスが悪い」といった日本語を聞けば、「レスポンス」が何かわかる。名詞response（応答）、動詞respond（〜に応答する）と頭の中で英語化します。さらにはSome people respond more actively online than in person.（オンラインのほうが実際に会うよりも積極的に応答する人もいる　in person＝実際に会う）などと英文の組み立てに使うことができます。

接頭辞や接尾辞から同グループの単語を増やす

　主要な接頭辞や接尾辞を知っていると便利です。例えばavoidable（避けられる）やpreventable（防げる）に反対語の un を付けると unavoidable（避けられない）・unpreventable（防げない）となります（P148）。The situation is completely avoidable and preventable.（状況は完全に避けられたし、防げた）といった文脈から、The situation is completely unavoidable and unpreventable.（仕方ない状況だった）などと逆を意味する表現へと選択肢を広げておくことができます。

　reviewは re = 再びを表し、re + view で「再び見る」つまり「再検討する」を表します。disrespectは dis = 反対・非を表し、dis + respectで「尊敬する」の反対で「軽視する」です。I reviewed the article.（記事を再検討した）やI disrespected you. I am truly sorry.（つらく当たってしまって、本当にごめんなさい）などと使えます。

　続いて接尾辞です。colorful（カラフルな）と、colorless（無色の）では、color + 単語の末尾ful/lessで意味が変わります。The package is colorful.（パッケージがカラフルです）、あるいはThe package is colorless.（パッケージに色がありません）などいった具合に使えます。

　このように１つの単語を種にして広げる工夫をすると使えるボキャブラリが増えます。そのためには、日本語と英語を対応させたボキャブラリの覚え方はやめ、英語のまま理解したり記憶に残したりする工夫が効果的です。

スピーキング（組み立て準備〜1人発表）と会話で増やす

　自分の話したいことを表すボキャブラリを少しずつ増やします。辞書やインターネットで調べたり、機械翻訳で調べたりしながら、出合ったボキャブラリのうちで自分で簡単かつ自信を持って使えそうなものを中心に、実際に使いはじめながら増やします。実際に使うことで「知っている」状態になり、文脈の中で覚えることができます。

　また、実際に英語で会話をする機会がある場合には、そこで相手が使った単語、つまり実際に会話で出合った単語は、最も覚えやすいものとなります。知らない単語や知っていたけれどこれまで使わなかった単語を相手が使ってきたら、ボキャブラリを学ぶチャンスです。聞こえなかったり、意味がわからなかったりする場合にも、学ぶチャンスを逃さずに「今わからない単語があった」と相手に尋ねます。What's that?（今何と言いました？）と尋ねてもよいですし、Can you rephrase what you have just said? I didn't get that.（わからなかったので、言い換えて説明していただけますか）などと確認する癖をつけましょう。

　例えば筆者は、見たことがあったけれど決して覚えることのなかったcurfew（夜間の外出禁止）という単語に出合いました。会話の相手が使ったとき、即座にWhat's that?（何と言いましたか）と聞き返しました。curfewについて説明してもらい、過去に覚えたことがある単語だったことを思い出しました。単語レベルで覚えようとしても決して覚えられなかった単語が、実際に出合って説明を受けたら、意味も発音も即座に覚えられました。その

ようにして覚えた単語は、印象に残るのでほぼ忘れることがありません。1つずつでも、文脈の中で出合う単語を着実に増やすことが大切です。

リーディング・リスニングで増やす

　先に説明したように、動詞に着目をしてリーディング・リスニングで文構造をとらえ、合わせて動詞を吸収します。さまざまな分野の読み物でも動詞の大半は簡単なものが使われています。リーディングではできるだけ辞書を引かず、文構造で内容を予測します。英語として、またはせめてカタカナ語で単語を理解することを心がけます。リスニングでも字幕をつけて動詞を学びます。時制、三単現のsや現在完了形のhaveや過去分詞、過去形edといった形をヒントに動詞を判別して探します。気に入った動詞に出合ったら積極的に真似をして使ってみましょう。

Coffee Break

立ちはだかる発音とボキャブラリ問題に心乱されず、英語の長旅を楽しもう

　「どうすれば英語が話せるようになるか」という問いに関し、「ボキャブラリ」と「発音」は人気の高いトピックです。「単語を知らないから話せない」「発音が悪いから伝わらない」。
　しかし現実は、「単語」「発音」という枠組みを越えて、英語を満足に話せるようになることは非ネイティブ

にとっては、長い長い旅となります。シンプルな英語を練習し、意思疎通ができる英語つまり「現実の世界で生き残れる英語」までを一気に身に付けたあとは、それを維持して使いながら、のんびりと長い旅を楽しむことがおすすめです。

まず発音。TOEICの英語が聞けるようになってリスニングの満点が取れたとしても、実際のネイティブと会話を対等に行うことは難しい。ネイティブの「スピード」についていくのは苦しく、それに話し手の感情が加わったり、オンライン会議で音声がブツブツ切れたりしたらさらに難しい。テキストの英語のように「いつも感情がなく平坦でクリアに聞こえる音声」は現実ではありません。さらにはアメリカ・イギリス・オーストラリア、といったネイティブ間の発音の違いに加えて、インド・アジア諸国・アラブ系・メキシコ系、また個人の発音の癖も含めると、発音の種類は多岐にわたります。それらをすべて聞ける耳を作るのは至難の業です。

ボキャブラリにも終わりがありません。例えば筆者が最近ネイティブから耳にした単語はsavvyとa temper tantrum。savvyはHe is app-savvy.（彼はアプリに詳しいよね）など、何かに精通していることを表します。a temper tantrumは「かんしゃくを起こす」「怒る」という意味の名詞です。学校で習わない単語を英語ネイティブは平気で口にします。相手が知らないかもしれないという配慮もありません。また、知っていた単語でも理解が難しいこともあります。最近耳にしたのは、spoon-feedという動詞表現。「スプーンで食べさせる」という意味で、発音「スプーンフィード」から意味はわかるの

ですが、「至れり尽くせりのセミナー」という文脈に出てきて戸惑いました。We spoon-feed attendees.（受講者に至れり尽くせりに教材を準備する）という文脈でした。後で辞書を引くと、spoon-feedには「スプーンで食べさせるように、情報を人に一方的に注ぎ込むこと」とありました。また、aggressive（攻撃的）という形容詞がありますが、The power saving mode of the PC is aggressive.（このパソコンの省エネモードは攻撃的だ）という文の意味がわかりませんでした。話し手の意図は「ユーザの都合によらずパソコンが強制的に省エネモードに入ってしまうため、融通が利かない」という意味だそうです。「融通が利かない」を「攻撃的（aggressive）」と表現している。「これは厳しい」と思いました。単語を知っていても、「その文脈で何が意図されているのか」は相手の気持ちに寄り添わないとわからないのです。そんな風に「知らない単語」「知っている単語」の両方が私たちの前に立ちはだかります。ボキャブラリを正しく理解し、使いこなすためには、単に単語を覚えることだけではない長い道のりが続いているのです。

　しかしそこで「英語は難しい」とあきらめるのではなく、非ネイティブなのだから聞こえない単語や知らない単語や表現があって当たり前と心を軽くします。そして、「完璧に理解できること」を目指すのではなく、そのつど「コミュニケーションを成立させること」に注力します。「相手の考えていることを知ろうとする」というコミュニケーションの原則に立ち返った上で、英語の長旅を楽しむことをおすすめします。

第8章
継続的に英語力を
伸ばし続けるコツ

1 自分が先生になって自らを導き伸ばす

英語力を伸ばしていくのはあなた自身

　英語を教えてくれる人がいないと英文が作れない、話せない、と思っている人もいるかもしれません。誰かに正してもらうことは効果的ですが、常時尋ねるわけにもいきませんので、他の人を頼りにしていると練習の時間数が絶対的に足りなくなります。毎日そばにいる親密な英語ネイティブの知人でもいない限り、誰かに正してもらいながら英語を上達させることは難しい。そして親密な英語ネイティブの知人を作ることは万人に可能ではない。代わりに英会話を習ったとしても、１日のうちの英会話の時間は短く限られています。オンライン英会話の短い時間で「教えてもらう」「正してもらう」ことを願っても効果は限られています。それどころか、貴重なレッスン時間の中でも相手のペースになり、相手の話にうなずくだけでレッスンが終わってしまう可能性もあるのです。

　そこで、英語が使えるようになるためには、自分で自分を正す必要があります。自分で自分を導くのです。日本で英語教育を受けていれば、中学までの義務教育で習った英文法の基礎知識があります。日本の長年にわたる英語教育で英語が話せるようにならなかったと嘆くよりも、日本の英語教育で万人が基礎を網羅できた。I study English.（英語を勉強しています）という基本的な英文を皆が組み立てられる。それを使って、あと一押し、自分でシンプルな英語へと方向転換する。インターネット上を

はじめとしたツールも活用し、自分で英語を組み立てて自分で英語を修正する力をつけます。なお、中学までの英文法の基礎知識を忘れてしまったと思う方は、中学生用の書き込み式の薄い問題集で一度文法を総復習してみましょう（P288）。また、オンライン英会話を習う場合であっても、その機会を「発表の場」ととらえ、それ以外の時間を使って自分でどんどん自分を導いていくことが上達には必須となります。

自分を勉強へと「押す」環境を作る
——検定試験はタイミング調整に活用

　英語ができるようになりたいと願う場合には、短期間で結果を出すように自分で自分を「押す」か、または押されなくても思わず没頭してしまう楽しい勉強方法を探すかのいずれかが必要です。「いつかできるようになりたい」とぼんやりと考えている場合には、その「いつか」が来ないことが多いので、できる限り具体的に目標を頭に描きます。

　短期間で結果を出したい場合には、例えばはじめの１ヵ月に中学文法の総復習が終わっているイメージを頭に描きながらはじめてみましょう。次の３ヵ月でシンプルな英語を実践している姿を描き、短い期間で目標に到達できるように自分で自分を押し続けることが大切です。

　海外出張や海外赴任、重要なプレゼンテーションやオンライン会議、または就職や昇格に必要な資格など、定まった時期に目標がある方はそこを目指して行えばよ

い。特に予定がなく自分で自分を押すのが難しいと感じる場合には、英語の検定試験を上手く活用することもおすすめです。検定試験、例えばTOEICの点数は単なる目安であって、点数を取ったからといって英語が話せるわけではないかもしれない。英検１級に出てくる単語は日常生活では実用的ではないかもしれない。しかし、それでもコンスタントに英語に触れ、勉強の進捗確認ができますので、活用する価値はあります。

　さて、もう１つの方法、つまり自分を押さなくてもつい没頭してしまうような楽しい勉強方法を探す方法については、P282〜をご覧ください。

１日に到来する複数の勉強のチャンスをとらえよう

　勉強する時間がないと感じることは多くあります。しかし、１日のうちに勉強のチャンスは複数あります。１日の活動をはじめる前の朝の30分、日中の隙間時間、移動中の時間、夜時間をチャンス到来ととらえて継続的に英語の活動を続けるのがおすすめです。

始動前の朝の30分勉強のすすめ

　継続的な勉強には、朝の30分がおすすめです。１日のうちのいつか勉強をしようと思っていても、忙しい中、時間が過ぎ去ります。そこで、勉強したい場合には朝まだ活動を開始する前に、自分のための30分を作るのが効果的です。仕事がある人は、職場に30分早く到着して集中して勉強します。家族の用事がある人は、そ

の前に30分早く起床して時間を作ります。とにかく机に30分。リーディング・リスニング・ライティング・スピーキング、本を読む、発音を練習する、問題集に取り組む、など自分の好きな勉強をしてから1日を開始します。最も効率がよく、最もクリエイティブな朝の30分。そして朝に時間を使っても、その後の仕事や用事の効率を高めることでリカバーできます。一方、1日の後半で30分を取ろうと思っていても、時間を確保するのが難しくなることが多々あります。

日中の隙間時間を活用して本や資料で学習

　忙しい毎日にも隙間時間があります。例えばパソコンでファイルを開いている間や何かを待っている間。数分単位の短い隙間時間にも本を読んだり記事を読んだりできます。英語に関する本や英語で話したい内容を作るための本、ニュースの記事など、さまざまな資料を手の届くところにすぐに読めるように置いておくのがおすすめです。月々の収入から一定の割合分の本を購入して自分の頭に先行投資する、といった自分を押す取り決めも効果的です。

移動中は英語の動画を流し聞き

　日常の中に英語学習を取り込んでいくためには、面白いと思える学習をすることが重要です。興味のある内容の動画をYouTubeで見ることもおすすめです。YouTubeは学習材料の宝庫です。自分の興味のある内容であっ

て、日本語で理解できる内容を英語で見てみましょう（P289）。英語での情報は日本語に比べて遥かに多く発信されています。純粋に中身が見たい動画、例えば"Gardening, YouTube"（ガーデニングの動画）や"How hybrid cars work, YouTube"（ハイブリッド自動車の仕組みの動画）などとスマホの音声認識（設定を英語にしておく）に話しかけて自由に動画を探すのもおすすめです。移動時間を英語での知識の収集に使うことができます。

1日の終わりに1歩を踏み出す

そして腰を据えて勉強したい夜には、「毎日1歩を踏み出す」ことを心がけます。時間が取りにくい場合であっても、1日の終わりに5分でも10分でも時間を作って、本を読んだり、英文を組み立てたり、小さな1歩でもよいので踏み出してから就寝することがおすすめです。夜は疲れていて勉強などできない、という日であっても、ほんの小さな1歩を踏み出すことで、充実した1日の締めくくりとできます。

2 定番の自分勉強法を見つけよう

自分に合った勉強素材を探そう

英語を勉強したい理由は人それぞれ異なるでしょう。海外の映画やドラマが好きな人、洋楽が好きな人、海外旅行が好きな人。英語学習を効果的に進める上では、どのような理由やどのような側面でもよいので、「英語」に

魅力を見出すことが大切です。海外ドラマや海外旅行が好きな人はそれに関する内容からはじめればよい。海外ドラマや旅行でなくても、自分は英語のどこが好きか、どこに魅力を感じるか、英語が嫌いという方も、日本語との違いはどのようなところで、どのように英語ができる自分になりたいか、ということを考えてみてください。それを軸にしながら、そこに「シンプルな英語」を組み合わせて学習を進める方法を探してみてください。

英語の「ストレート」さが好きだった筆者の勉強法

筆者自身は、英語が論理的であることを知り、英語が好きになりました。特に英語で書くとき、ストレートに書かないと伝わらないので、そうしているうちに、自分の頭の中までストレートになっていく、という経験を何度もしました。1つの文では、英語は主語を決めたら直後に動詞を置きます。「主語」と「動詞」を頭の中で探しているうちに、クリアでない頭の中があらわになり、言いたい内容を整理することを余儀なくされます。また、複数の文では、はじめに言いたいことを述べ、それをサポートするように文を並べます。概要から詳細へ話を進めるか、または重要なことから重要でないこと、または相手が知っていることから徐々に知らないことへと話を進めます。話すのが苦手だった自分にも、内容を組み立てることが平易にできると感じました。はじめは「考えながら」、そのうちに「自然に口から出てくる」という状態に近づけるように練習を行ってきました。

英語プラスαの楽しみを見つけながら勉強する

　筆者は英語のストレートさが好きだったので、平易に書かれている英語を読むことを楽しいと思ってきました。はじめは日本の英字新聞を読んだり、英語の雑誌を読んだりすることを試みていましたが、インターネットが一般に普及して以降は、海外のウェブサイトを楽しむようになりました。はじめてNASA（アメリカ航空宇宙局）のウェブサイトを見たときは感動しました。日本にいて、海外のNASAが何をしているかを窺い知れることは素晴らしい。NASAのさまざまなミッションの説明をワクワクしながら読み、そのついでに動詞ほかの英語表現を収集しました。

　シンプルな英語は特に公的な機関のウェブサイトに表れますので、国際的な機関や政府関係の機関がおすすめです。一方で、自分のお気に入りの商品を販売している海外の企業のホームページもおすすめです。

公的機関のホームページから英語を楽しむ

　米国政府関係や公的機関のホームページを自由に検索して、是非シンプルな英語の世界を楽しんでみてください。

- NASA（アメリカ航空宇宙局）https://www.nasa.gov/
- U. S. Environmental Protection Agency（アメリカ合衆国環境保護庁）https://www.epa.gov/
- U.S. Department of Homeland Security（アメリカ合衆国国土安全保障省）https://www.dhs.gov/
- CDC（アメリカ疫病予防管理センター）https://www.cdc.gov/

- WHO（世界保健機関）https://www.who.int/
- United Nations（国際連合）https://www.un.org/en/
- UNESCO（ユネスコ）https://en.unesco.org/

海外企業のホームページで製品を楽しむ

　大手グローバル企業や米国企業のホームページを自由に検索することで、英語表現に慣れることができます。最近の企業ホームページはスマホでの閲覧対応のために写真が多く、文字が少なくなっている傾向が見られ、初学者にも閲覧しやすいです。好きな製品のホームページなどの写真と文字を読んで、グローバルな世界を垣間見ることで英語学習のモチベーションも高まることがあります。また、キャッチフレーズなどの英語を読み取って味わうなど、実質的な読む練習も行うとよいでしょう。初級者から上級者までおすすめです。

- General Motors（ゼネラルモーターズ）https://www.gm.com/
- P&G（プロクター＆ギャンブル）https://us.pg.com/
- Intel Corporation（インテル）
  https://www.intel.com/content/www/us/en/homepage.html

　こちらにあげた企業名は一例です。お気に入りの企業を検索してください。

無理なく続けられるコンテンツを探そう
──SNS英語もシンプル英語の宝庫

　SNSを活用して英語に触れるのも有益です。例えば

Twitterは単語数が限られていることから、特にシンプルな英語が使われます。著名人やお気に入りのアーティストのTwitterアカウント、または興味のある団体の公式Twitterアカウントをフォローしておくだけでも、日々シンプルな英語に触れることができます。世界の著名人のリアルな英語に触れることができる機会、動詞を中心に学べるチャンスは貴重です。調べたい表現があったら、DeepL翻訳やGoogle翻訳にそのまま投入して意味を確認することができます。意味を確認して自分も使ってみたい表現であった場合には、そのまま自分が話せそうな内容として取り込みます。内容を入れ替えることで自作の英文に変更をして、自分が使える英作文として蓄積しておいたり、実際に自分でSNSで発信してもよいでしょう。

　Twitterでの練習方法をお伝えします。取り上げた人物や団体は一例です。ご自身の興味に応じて好みの人物や機関のTwitterアカウントを検索してみてください。

● Disneyland Resort（ディズニーランドリゾート 米カリフォルニア）
2021年7月17日

The newly-enhanced Jungle Cruise attraction officially **opens** to explorers today at Disneyland park!

ディズニーランドパークにジャングルクルーズが新しくなって本日登場。

（explorer＝探検家）

→身近な話題に置きかえる

The cafeteria officially **opens** today. They have the newly enhanced menu.

そのカフェテリアが本日開く。パワーアップしたメニューがある。

● Bill Gates（ビル・ゲイツ）　　　　　　　2021年7月10日

COVID-19 **has highlighted** how digital tools can save lives.

コロナによって、デジタルツールがいかに人命を救えるかが浮き彫りになった。

→身近な話題に置きかえる

The pandemic **has highlighted** how we can work differently.

パンデミックによって、いかに私たちが働き方を変えることができるかが浮き彫りになった。

The survey **has highlighted** how we can improve services for customers.

アンケートによって、顧客サービスをいかに改善できるかが浮き彫りになった。

● President Biden（米バイデン大統領）　　2021年7月18日

Yesterday's Federal court ruling **is** deeply disappointing.

昨日の連邦裁判所の判決は非常に残念だ。

→身近な話題に置きかえる

The company's decision **is** deeply disappointing.

会社の決定は非常に残念なものだ。

このような要領で、興味のままに内容を変えてどんどん拝借した文を自作英文のストック（P56、P226）に加えます。

文法に自信が持てないときは
中学生向けの書き込みドリルで総復習

英語を話すために英文法のルールは必須です。本書の第2章から第5章でも英文の組み立てに必須の事項は扱いましたが、一度すべての英文法ルールのおさらいをしておくこともおすすめです。中学生向けの薄い問題集を使って、中学校の文法事項を総復習してください。実際に手を動かして行える「書き込み式のドリル」などがよいでしょう。実際に本屋さんで手に取り、これならできそう、と思える薄いもの、価格の安いものがおすすめです。

例えば次のような類のドリルが薄くて安価です。

旺文社	高校入試中学1・2年の総復習 英語
	高校入試 中学3年間の総復習 英語
学研教育出版	英語（10日間完成 中1・2の総復習）

中学1〜3年生まで、自分で答え合わせをしながら、1つも間違えずにできるかを確認してみてください。間違えた箇所が1つでもあれば、再度、同額程度の問題集を買って、もう1セット行うと効果的です。そのためにも、1冊500円程度のものがおすすめです。一度ドリルを行っておけば「英文法には自信がある」という状態に

なり、よりスムーズにシンプルな英語を練習することができます。

生の英語に触れ続けよう

リスニングのチャレンジを続け、常にアップデートし続けることが大切です。自分で動画を検索する方法、そして使いやすい動画自体もご紹介します。動画の使い方はあなた次第。活用できそうなものを探してください。

興味に応じて動画を検索しよう

内容に興味を持っていたり、内容に関する基礎知識を持っていたりする動画を探して「重ね読み」や「動詞の収集」を行います。日本語で同じ内容を見聞きすれば理解できる内容の英語を使います。そうすることで、内容がわからないという負担がなく、英語のリスニングや表現に着目できます。また、自作のスピーチにも利用できる英文を吸収できます。キーワードとともに検索します。

How to _____	（〜の仕方）
_____ Basics	（〜の基礎）
Intro to _____	（〜の紹介）
Tips for _____	（〜のコツ）
What's _____	（〜って何？）

このようなフレーズを使って、_____の部分に例えばplay golf（ゴルフ）やfishing（釣り）、baking bread（パン作り）やprogramming（プログラミング）などと入れてみ

て、自由に動画を検索します。パソコンで検索を行うときには、検索窓にキーワードを入れて、「動画」をクリックします。多くの動画が出てきます。

　YouTubeで動画を探す場合にも、検索窓に同様にフレーズを入れて行います。3分程度の短いものがおすすめですが、興味に応じて動画を入手し、お気に入りの動画が見つかれば、同じ動画を繰り返し学習します。

　日常的に使える動画シリーズを探しておくと便利です。長く楽しめる、本数の多い動画シリーズを定番の学習教材として活用しましょう。楽しみながら英語を吸収できるようになります。使いやすいシリーズの一例をあげます。

①アメリカファッション雑誌VOGUEのインタビュー動画シリーズ「73 Questions」(https://www.vogue.com/video/series/73-questions) で生の英語に触れよう

　著名人へのインタビュービデオ。10分程度の動画。リスニングの教材として、生の英語を耳から学べる。73個の質問を次々に並べて一言で返すインタビューなので、1文が短く聞き取りやすい。聞こえなかった場合にも、繰り返し聞くとよい。また、日本語字幕や英語のスクリプトも入手しやすいため、聞き取れない箇所があれば、確認することもできる。

「ゼンデイヤに73の質問」「ケンダル・ジェンナーに73の質問」「テイラー・スウィフトに73の質問（P176で引用）」などを見るとさまざまなモデルや俳優の一面を見ることができ、明快な動詞や表現豊かな形容詞などが学べます。日本語字幕は訳をどうしても知りたい場合に切り替える程度にとどめ、YouTubeの字幕機能または公式な字幕をオンにして、英語の字幕を確認しながら利用してください。

②TEDトーク (https://www.ted.com/) で短くて内容の面白い動画を探して便利に使う

「テドまたはテッド」＝ Technology Entertainment Design（TED）は米国に本部がある非営利団体です。TED Conference（テド・カンファレンス）では、文字通り、テクノロジー、エンターテイメント、デザインの各分野から Ideas worth spreading（広めるべきアイディア）を持った人たちが集まり英語プレゼンテーション（TEDトーク）を行います。日本でも有名になったTEDトークですが、数ある動画の中から、短くかつ内容が面白いものを探すことがおすすめです。サイトを自由に検索し、興味の持てる内容のスピーチを数本探しましょう。以下は短い一例です。

Yup, I built a nuclear fusion reactor（3分16秒）
(https://www.ted.com/talks/taylor_wilson_yup_i_built_a_nuclear_fusion_reactor)

17歳の核物理学者の話。12歳で「星」を作りたいと実験をはじめ、14歳で核融合炉を作った。子供だって世界を変えられる。

A robot that flies like a bird（6分3秒）
（https://www.ted.com/talks/markus_fischer_a_robot_that_flies_like_a_bird）
鳥のように室内を飛ぶロボットの話。軽い素材で作った。飛行デモの画像を楽しみつつ、英単語を学べる。

8 secrets of success（3分17秒）
（https://www.ted.com/talks/richard_st_john_8_secrets_of_success）
500人の成功者へのインタビューからまとめた成功の秘訣を3分で伝授。passion（情熱）、work（努力）、good（得意さ）、focus（集中）、push（自分を押す力）、serve（人に尽くす）、ideas（アイディア）、persist（粘り強さ）。

スピーカーの英語の発音はネイティブ・非ネイティブさまざまですが、あまり気にせず、何度見ても苦痛ではない内容を選ぶのがおすすめです。発音を真似したいものは、「重ね読み（P259）」をします。そうでないものは、文脈からボキャブラリを学びます。
TEDトークの動画が便利なのは、速度の調整や字幕の切り替え、動画のダウンロード、また原稿（スクリプト）と動画がリンクしたInteractive Transcriptを利用で

きることです。原稿中の文字位置を指定してスピーカーの発話を開始することも可能です。機能を活用しながら繰り返し「重ね読み」をすることで、はじめは聞き取れなかったとしても、徐々に聞き取れるようになります。また、英単語を文脈で覚えることができます。

③リスニングはYouTubeの公式ニュース動画がおすすめ

　ニュースのYouTubeチャンネルの動画は常時見ることができることに加えて、１つ１つのニュースが短く、かつ凝縮された内容のため、最も時間効率がよい勉強動画としておすすめです。アメリカ、イギリス、カナダ、ニュージーランド、オーストラリア、など自由に利用してください。それぞれに発音や内容の特徴がありますが、気に入ったもの、聞き取りたい、話したいと思う発音のものを自由に選択します。なお、「ニュースの英語は速い」と尻込みしてしまう方は、速度の面では「カナダCBC News：The National」のニュースがおすすめです。また、YouTubeの速度調整を利用して遅く再生することもできます。

米国

CNN
https://www.youtube.com/channel/UCupvZG-5ko_eiXAupbDfxWw

ABC News
https://www.youtube.com/channel/UCBi2mrWuNuyYy4gbM6fU18Q

NBC News

特有の米国発音。舌を巻く英語らしい発音を好む方は米国のニュース番組３つがおすすめ。各チャンネル間の違いは、キャスターの好みなどで決めてもよい。毎日同じチャンネルを見ることで、スタイルに慣れることができる。なお、米国のニュースの話題には自然災害や刑事事件も比較的多く入るため、内容自体に興味を持てない場合には、ライブニュースを見るのではなく、画像から内容を選び、気に入った話題を繰り返し見るのもおすすめ。

英国
BBC News

綺麗な英国発音が聞き取りやすく、話題のセレクションも面白い。さまざまな側面から日本を含めた他国のニュースも取り上げられる。

ニュージーランド
nzherald.co.nz

特有の発音が興味深い。一般の人のインタビューなどはかなり英語が速いが、多種多様な発音に触れるよい機会となる。

カナダ
CBC News：The National

https://www.youtube.com/user/CBCTheNational

話す速度が遅めで聞き取りやすい。重ね読みといった学習目的におすすめ。

オーストラリア

ABC News (Australia)
https://www.youtube.com/user/NewsOnABC

9 News Australia
https://www.youtube.com/channel/UCIYLOcEUX6TbBo7HQVF2PKA

特有の発音が興味深い。さまざまな話題が取り上げられる。

一口に英語と言っても、各国の英語には特徴があり、聞き比べるのも面白い。海外に行かずに毎日違う国のニュースを無料で楽しめるという素晴らしい時代になりました。利用の機会を逃す手はありません。

④マサチューセッツ工科大学の公開授業を英語で受けよう——生涯学習におすすめ

MIT OpenCourseWare
https://ocw.mit.edu/index.htm

より上級者向けの勉強教材としては、海外の大学の授業動画があります。マサチューセッツ工科大学の公開授業は豊富なコンテンツが特徴的でおすすめです。興味のある分野の動画や講義資料を検索し、世界のトップクラスの大学の授業を楽しみながら英語を学べます。

英語の字幕付きの授業も多数あり、昨今はinteractive transcript（字幕と講義の声が連動）機能が利用できるものが多くあります。トップページに入ったら、下のほうのFIND COURSES（コースを見つける）からAudio/Video Courses（音声・動画のコース）を選択します。その先は分野（Audio/Video Lectures by Department）で選んだり、特集（FEATURED AUDIO/VIDEO COURSES）で選んだり、自由な方法でお気に入りの動画を探して楽しんでください。

日本でも有名になった『これが物理学だ！　マサチューセッツ工科大学「感動」講義』（ウォルター・ルーウィン著）の実際の講義も収録されています。

FIND COURSES
» Find by Topic
» Find by Course Number
» Find by Department
» New Courses
» Most Visited Courses
» OCW Scholar Courses
» Audio/Video Courses
» Online Textbooks

１つ１つの講義は長いものが多いですが、講師のインタビュー動画や特定の分野の教育動画など、短めの動画もあります。また、MIT OpenCourseWare のYouTube チャンネル（https://www.youtube.com/user/MIT）も開設されていますので、そちらの利用も便利です。

興味がわくものがあれば、勉強の世界は無限大です。英語が使えるようになれば利用できる情報が格段に増える。知識を得ることができる機会も格段に増えます。

For Japanese speakers intending to use English as an international language

　本書を執筆したいと思ったきっかけは、日本人にとって、なぜ英語はこんなにも難しいものなのか、という問いに答えを出したいと願ったためです。英語を勉強して文法がわかっても、その先の壁は果てしなく高いと感じることがありました。英語を習得するのはなぜこんなにも難しいのか。初心者から上級者までが感じる「壁」の正体は何であり、どうすれば万人がその「壁」を乗り越えられるのか。この問いに答える書籍を執筆したいと考えました。

　英語が難しく見えてしまう2つのマインドセットがあります。1つ目は目指す英語を正しく定めていないこと、2つ目は話すときに焦ってしまい、言える範囲のことも言えなくなってしまうこと。この2つを克服するためには、目指す英語を正しく定めることと、日本語から発想の転換をしながら英語を地道に練習することが大切です。

　まずは目指す英語。私たちにとって「英語」といえば、アメリカ人の英語やイギリス人の英語であることが

多い。加えて、日本で目にする英語が堪能な人、例えば帰国子女や10年などの長期間を海外で過ごしたビジネスパーソン、英語圏の人を人生のパートナーとしている日本人。そのような人が話す英語は限りなく英語ネイティブに近いように聞こえる。ところが、その英語を目指すと挫折してしまう可能性が高いのです。加えて、そのような英語を目指して流暢に話せるようになったとしても、英語を使って仕事を進めようとすると「報告書が英語で正しく書けない」「企画書が英語で上手く書けない」といった別の壁にぶつかる可能性があります。世の中は「話す」ことだけで仕事が動いているわけではなく、「書く」ことで多くの仕事が動く。例えば会議にて口頭で伝えた内容は必ず議事録に書いて記録します。したがって、日常会話ができるようになるためだけに海外で長く過ごさなければならないという発想や、海外に行きさえすれば英語ができるようになるという幻想を抱くよりも、今できることから開始し、早期に集中して英語を自習することが大切です。世の中には母語の発音の特徴を残しながらも、しっかりと意思疎通をしているさまざまな国の英語があります。対して「日本人の英語」と言えば、伝わらない英語といった悪名高い印象が定着してしまっている。話す英語に関しては流暢さの極みを目指さず（なお、書く英語は正確・明確・簡潔の極みを目指すべきですが）、「英語は意思疎通する手段」と割り切って、それができるようになることを目指すほうがよい。意思疎通できるようになれば、その先は使い続けることで、自分が納得

できるレベルの流暢さで英語が話せる日が必ずきます。

　発想の転換と練習。英語を話そうとするときにはいくつかの「焦り」が生じます。日本語と英語は構造も発想も異なる言葉のために上手く一方から他方へと翻訳することができません。それを直訳しようとすると単語が見つからなくて焦る。目の前に相手がいる状況でうまく動詞、つまり結論が表現できず、相手に伝わっていないと感じて焦る。また、相手の話を聞き損なって話題が見えなくなったのに聞こえているふりをしてしまい、気まずくて焦る。さまざまな焦りがあり、そのつど冷や汗をかき、「自分の英語はまだまだ悪い」と嘆き、英語の「壁」に打ちのめされそうになります。落ち着いて行えばできるはずの応答を諦めて黙ってしまったり、気まずさを笑ってごまかしてしまったりする姿が「日本人の英語」として定着してしまっている苦しい現実があります。

　さて、解決法です。目指す英語を「非ネイティブによる、世界の非ネイティブにも伝わる英語」と定めます。英語ネイティブだけでなく世界中の非ネイティブにも伝わりやすく、かつ品位の高い英語、正しく平易に伝わる英語を目指します。伝えるべきことをゆっくりでよいので、しっかりと伝えることです。それはまさに国際語としての英語です。
　ネイティブらしく見えそうな「アハーン」といったリアクション、大げさな話し方やスラング、そして早口な

英語は非ネイティブには必要ありません。普段落ち着いた話し方をする人は、そのままのトーンで冷静に英語を話せばよい。発音も「聞き取ってもらえる」ようにポイントを重点的に練習するけれど、過度に舌を巻いた発音をする必要はなく、I mean（えっと）やlike...（まあ〜とか〜）といった合間を埋める言葉を発しなくてもよい。国際的に伝わる発音とイントネーションを身に付けて落ち着いて話すことが大切です。

そして、焦らずに会話を続けるためには、英語と日本語が違うことを理解し、日本語から直訳しそうになる頭の動きを抑えて日本語を意識的に切り離す。そして英語の主語と動詞を取り出す練習を積んでおくこと。複雑な表現をできるだけ抑えてシンプルに組み立てる。口からスラスラと英語が出てくるようなことは期待せず、はじめは頭の中でよく考えて英語のブロックをしっかりと組み立てる。また、相手の言っていることの「どこが理解できていないか」を分析できるように練習をして、聞き取れなかったところ、わからなかったことを「尋ねる」勇気を持つことが大切です。

冷静なる勤勉さで数々の偉業を成し遂げてきた日本人にとって、英語だけできないはずはありません。英語もきっと、乗り越えられる。多くの人が自信を持って英語を使えるようになり、「伝わる日本人の英語」として国際的な場で地位を得る日が必ずくる。そのために本書で提案する「シンプルな英語」の考え方は、どのレベルの

英語力を持っている人にとっても必ず役に立つと考えています。

　インターネットで世界が1つにつながり、さらにはCOVID-19のパンデミックを通じて、オンライン会議が盛んに行われ、ビジネス界でも地理的な壁がなくなりつつあります。これからは「英語で発信できる」「英語で情報を入手できる」、ひいては「英語で世界と渡り合える」スキルが必須になってきました。その傾向は、パンデミックが収まったとしても、もはや後戻りすることはないでしょう。

　今こそ集中的に英語をモノにして、世界に情報を発信できる力、世界の情報を積極的に利用できる力をつけるために「シンプルな英語」に挑戦してみてはいかがでしょう。

　最後になりましたが、本書の執筆を可能にしてくださいました講談社現代新書の青木肇さんに心より感謝しています。また、いつも私を支えてくれる家族と母、見守ってくれる父に感謝。

2021年8月31日 中山 裕木子

本書で引用したツール・サイト

＊本書に掲載したウェブサイト、SNSの情報は2021年8月時点のものです。

講談社現代新書　2635

シンプルな英語

2021 年 9 月 20 日第 1 刷発行

著　者　中山裕木子　©Yukiko Nakayama 2021

発行者　鈴木章一

発行所　株式会社講談社
　　　　東京都文京区音羽 2-12-21　郵便番号 112-8001

電　話　03-5395-3521　編集（現代新書）
　　　　03-5395-4415　販売
　　　　03-5395-3615　業務

装幀者　中島英樹

印刷所　豊国印刷株式会社

製本所　株式会社国宝社

定価はカバーに表示してあります　Printed in Japan

N.D.C.830　302p　18cm
ISBN978-4-06-525733-3

「講談社現代新書」の刊行にあたって

教養は万人が身をもって養い創造すべきものであって、一部の専門家の占有物として、ただ一方的に人々の手もとに配布され伝達されるものではありません。

しかし、不幸にしてわが国の現状では、教養の重要な養いとなるべき書物は、ほとんど講壇からの天下りや単なる解説に終始し、知識技術を真剣に希求する青少年・学生・一般民衆の根本的な疑問や興味は、けっして十分に答えられ、解きほぐされ、手引きされることがありません。万人の内奥から発した真正の教養への芽ばえが、こうして放置され、むなしく滅びさる運命にゆだねられているのです。

このことは、中・高校だけで教育をおわる人々の成長をはばんでいるだけでなく、大学に進んだり、インテリと目されたりする人々の精神力の健康さえもむしばみ、わが国の文化の実質をまことに脆弱なものにしています。単なる博識以上の根強い思索力・判断力、および確かな技術にささえられた教養を必要とする日本の将来にとって、これは真剣に憂慮されなければならない事態であるといわなければなりません。

わたしたちの「講談社現代新書」は、この事態の克服を意図して計画されたものです。これによってわたしたちは、講壇からの天下りでもなく、単なる解説書でもない、もっぱら万人の魂に生ずる初発的かつ根本的な問題をとらえ、掘り起こし、手引きし、しかも最新の知識への展望を万人に確立させる書物を、新しく世の中に送り出したいと念願しています。

わたしたちは、創業以来民衆を対象とする啓蒙の仕事に専心してきた講談社にとって、これこそもっともふさわしい課題であり、伝統ある出版社としての義務でもあると考えているのです。

一九六四年四月　野間省一